Jörn Hagemeister: Rungholt

Jörn Hagemeister

Rungholt

Sage und Wirklichkeit

Verlag H. Lühr & Dircks
2252 St. Peter-Ording
1979

15 schwarz-weiß Abb., 1 Landkarte, 9 Zeichn., die sämtlich aus dem Nachlaß von Andreas Busch stammen und von dessen Erben (Enna Busch, Husum u. Reimer Busch, Nordstrand) zur Verfügung gestellt wurden.

Die Übersichtskarte Nordfriesland entwarf Horst Zöger, St. Peter-Ording. Das Faksimile „Trutz, Blanke Hans" ist entnommen aus „Ausgewählte Gedichte von Detlef von Liliencron", 37. Auflage, verlegt bei Schuster & Loeffler, 1910.

Die Zeichnung auf dem Umschlag ist ein Ausschnitt aus einer Karte des Husumer Kartographen Mejer. Die Fotografie des alten Testamentes aus dem Hamburger Staatsarchiv überließ Albert A. Panten dem Verlag.

Gesamtherstellung:
Husum Druck- u. Verlagsgesellschaft, 2250 Husum
ISBN 3-921416-10-8

Zu diesem Buch

Die Rungholt-Forschung wurde in diesem Jahrhundert von einem Mann geprägt: dem Bauern Andreas Busch aus Nordstrand. Wie treffend seine unendlich vielen Untersuchungen und die daraus entstandenen Beweise waren, wurde durch die Verleihung der Ehrendoktorwürde der Universität Kiel gewürdigt.

Über Rungholt gab es in den letzten Jahren keine zusammenhängende Arbeit, die vor allem als Information für die vielen Besucher des nordfriesischen Wattenmeeres hätte dienen können. Aus der ursprünglichen Arbeit eines Gymnasiasten, der sich in seiner Freizeit mit Andreas Busch und dessen Funden im Wattenmeer beschäftigte, entstand das nun vorliegende Buch. Dabei unterstützten ihn die Erben von Andreas Busch, die vor allem das Bildmaterial zur Verfügung stellten. Ihnen sei dafür herzlich Dank gesagt!

Während der Vorbereitungen zu dieser Schrift wurde Albert A. Panten auf der Suche nach dem unumstößlichen Beweis von der Existenz Rungholts fündig. Dies schien mir ein glückliches Zusammentreffen von Fakten, das dem Leser nicht vorenthalten werden sollte.

Jürgen-Erich Klotz

St. Peter-Ording, am 17. Januar 1979

Einleitung

Als Andreas Busch 1921 in der Nähe der Hallig Südfall im Watt Kulturspuren, u. a. Warften und Pflugspuren entdeckte, stand für ihn fest: Hier hat das sagenhafte Rungholt gelegen! Rungholt, Symbol frevlerischen Reichtums und überheblicher Gotteslästerung, hat in Nordfriesland seit Jahrhunderten die Gemüter der Menschen bewegt, Sagen und Legenden wurden lebendig dargestellt, weitergesponnen und ausgeschmückt. Sein ganzes Leben hat Busch die Frage beschäftigt, was alles aus den Funden herausgedeutet werden könnte. Er blieb aber stets ein realistischer Forscher und Praktiker; der Sache einen Hauch von Romantik zu verschaffen, blieb dem Stedesander Pastor Dr. Rudolf Muuß vorbehalten, der sich um die historisch-archivalische Seite des Problems zu kümmern begann. Seine Ergebnisse und Vermutungen fanden bald den Widerspruch der damaligen Landeskundler, an ihrer Spitze Volquart Pauls, Landesbibliothekar in Kiel. In der Tat ließen sich Gründe finden, die den Ort Rungholt für immer in den Bereich des Mythos verwiesen, wenn es nicht gelänge, einen eindeutigen Beweis für die Existenz des Kirchspiels auf dem alten „Strand" zu finden, von dem Nordstrand und Pellworm nur klägliche Reste sind; denn es waren alle Erwähnungen nur in sehr späten Abschriften bekannt geworden, so daß man wirklich glauben konnte, daß der Name später — weil es eine Rungholtsage gab — untergeschoben worden sei. Nun ist es, wenn auch mit ein wenig Mühe, möglich, zu zeigen, daß die Vorlagen jener „Abschreiber" tatsächlich aus der Zeit kurz nach 1362 stammen; doch immer noch könnte es so gewesen sein, daß Rungholt zusätzlich bei der Abschrift hinzugeschrieben wurde.

Es fehlte eben aus der Zeit vor 1362 ein untrüglicher Beweis, der dann aber auch alle Zweifel beseitigen würde. Doch alle Hoffnungen schienen vergebens.

So empfand ich es als Sensation, als ich im vierten Band des Hamburgischen Urkundenbuches eine Notiz fand, die den Namen Rungholt nannte. Bald darauf habe ich dann das Originalpergament in den Händen gehalten, das die Aufschrift trägt, welche unwiderlegbar die Existenz Rungholts beweist:

„Edimzherde parrochia Rungholte judices consiliarij iurati Thedo bonisß cum heredibus."

Dieser Abschnitt lautet aus dem Lateinischen übersetzt: „Edomsharde Kirchspiel Rungholt Richter, Ratsleute, Geschworene Thedo Bonisson samt Erben"; die Aufschrift steht auf der Rückseite eines Testaments eines Hamburger Bürgers. Dieses Schriftstück wurde 1345 verfaßt. Die Aufschrift ist etwa gleichaltrig und hat auf den ersten Blick nichts mit dem Testament zu tun. Sie zeigt aber auf jeden Fall, daß Rungholt 1345 noch existierte und nennt noch den Strander Thedo Bonisson (Staatsarchiv Hamburg, Senat Cl. X. Vol. 4 Ser. I Testament Wolterus).

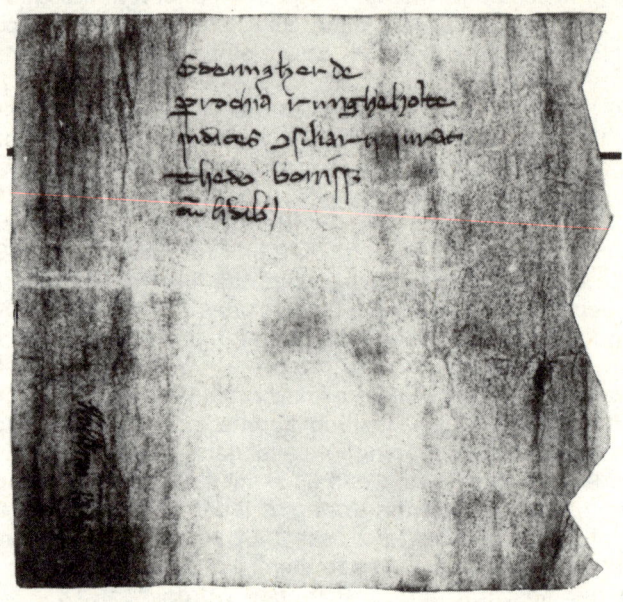

Rückseite des Testament Wolterus im Staatsarchiv Hamburg mit der Aufschrift: „Edimzherde p(ar)rochia Rungheholte judices c(on)siliarij iurat(i) Thedo bonisß cu(m) h(ere)dib(us)"

Dieser endgültige Beweis Rungholts und die Tatsache, daß es möglich ist, auf sehr umständlichem Weg zu zeigen, daß das Kirchspiel Rungholt etwa in der Gegend von Südfall gelegen haben muß, indem sämtliche vorliegenden Quellen einer kritischen Prüfung unterzogen wurden, lassen mich die Idee Jörn Hagemeisters begrüßen, die Ergebnisse von Andreas Busch in kurzer Form gesammelt und geordnet zu veröffentlichen. Gleichzeitig soll damit gezeigt werden, wie wichtig es ist, die bei Wattwanderungen gefundenen Gegenstände an zuständige Stellen zu übergeben, um weitere Erkenntnisse zu gewinnen. Das Nissenhaus in Husum und jede Polizei- und Ortsbehörde nimmt die Fundstücke an. Es muß darauf aufmerksam gemacht werden, daß Wattfunde geschichtlicher oder vorgeschichtlicher Art gesetzlich geschützt sind und abgegeben werden müssen.* Auch lohnt sich eine Wattwanderung nur unter kundiger Führung, da die meisten Kulturspuren sich nur dem wissenden Auge offenbaren. Weiterhin ist für den unkundigen Wattläufer das Meer und die Tide ein manchmal unberechenbarer Partner! Also nur in Begleitung ausgebildeter Wattführer Wattwanderungen unternehmen!

Dieses Buch über die Funde des 1362 überfluteten Rungholt möge zeigen, daß das nordfriesische Wattenmeer mehr bietet als nur zeitweise eintönigen, grauen Schlick. Seien wir uns dessen bewußt, daß wir uns dort auf ehemaligem festen Boden befinden, den Menschen einmal bewohnt haben. Dies zeigt in aller Eindringlichkeit, daß nichts auf Erden beständiger ist als der Wechsel!

Niebüll, im Oktober 1978   Albert A. Panten

---

* Nach dem schleswig-holsteinischen Denkmalschutzgesetz vom 7. Juli 1958 müssen Bodenfunde (über die Gemeindeverwaltung oder unmittelbar beim Landesamt für Vor- und Frühgeschichte in Schleswig oder bei den örtlichen Museen) angemeldet werden. Sie unterliegen nicht der Ablieferungspflicht, aber der Finder muß das Fundstück auf Verlangen der Denkmalschutzbehörde befristet zur wissenschaftlichen Bearbeitung aushändigen; es bleibt sein Eigentum.

De Grote Mandränke

Die schwersten Sturmfluten an der nordfriesischen Westküste seit dem Mittelalter sind in den Jahren 1362, 1634,
1717, 1825 und 1962 verzeichnet. Die erste große Flut — auch
Marcellus-Flut oder „De grote Mandränke" genannt —
brach am „Tag Marcelli Pontificis", dem 16. Januar Anno
1362, über Nordfriesland herein.

Eines der Vernichtungsgebiete dieser schweren Flut war
die Edomsharde, deren überfluteter Teil in der südlichen
Bucht des späteren Alt-Nordstrand gelegen hat.

Der nordfriesische Chronist Anton Heimreich (1626—1685)
berichtet, daß die stürmische Westsee 4 Ellen (etwa 2,4 m)
über die höchsten Deiche gegangen sei, daß die Flut
21 Wehlen im Alt-Nordstrand eingerissen hatte, daß der Ort
Rungholt neben sieben anderen Kirchspielen in der Edomsharde verwüstet worden sei und daß 7600 Menschen dabei
ertrunken seien. Nur zwei oder vier Frauen unter allen Ein-
wohnern sollen mit dem Leben davongekommen sein.

Hat Rungholt existiert?

Albert Panten weist durch die von ihm entdeckte Testamentsurkunde aus dem Hamburger Staatsarchiv nach, daß Rungholt einst bestanden hat (s. Einleitung).

Ebenfalls im Hamburger Staatsarchiv liegt das Original einer Urkunde mit dem Siegel der Edomsharde vom 19. Juli 1361. In dieser Pergamentschrift heißt es, daß die Ratmänner und die ganze Gemeinde der Harde allen Hamburger Kaufleuten bis zum 1. Mai 1362 freies Geleit und völlige Handelsfreiheit gewähren. Diese Urkunde — sie wurde demnach nur sieben Monate vor dem Untergang der Edomsharde ausgestellt — ist ein weiteres wichtiges Argument dafür, daß die Edomsharde und damit Rungholt noch sieben Monate vor der schweren Sturmflut existierten.

Rungholt ist vermutlich der Hauptort der Edomsharde gewesen, auf die sich auch eine Urkunde vom 13. Januar 1355 bezieht. Dieses Schriftstück läßt darauf schließen, daß die Bevölkerung der Edomsharde bereits vor Ausstellung dieses Dokuments dauernde Handelsbeziehungen zu Flandern unterhielt. Nachdem jedoch gewisse Schwierigkeiten entstanden waren, schrieben die Ratmänner der Harde an den Landfürsten von Flandern und baten darum, weiterhin freien Handel mit Flandern treiben zu dürfen. Die Antwort auf diese Bittschrift wurde am 9. Juni 1355 in Brügge angefertigt. Darin gewährt Graf Ludwig von Flandern den Kaufleuten der Edomsharde völlige Handelsfreiheit mit seinem Land.

In dieser Urkunde wird zwar kein Hafen o r t erwähnt, doch die Edomsharde muß einen Hafen gehabt haben, denn zu damaliger Zeit wurden fast alle Handelsgüter mit dem Schiff befördert. Es kann jedoch nur vermutet werden, daß Rungholt zu jener Zeit der Hauptort der Edomsharde gewesen ist.

Anton Heimreich hat uns die Rungholt-Sage in seiner „Nordfresischen Chronick" (1666, erneuert 1668) überliefert. Nach ihm haben andere in Versform, Novelle und Erzählung den Untergang von Rungholt dichterisch dargestellt.

Die Rungholt-Sage
(nach Paysen und Heimreich)

Der aus Hattstedt stammende Rektor Matz Paysen in Oldes-
loe (* 1622) hat die Rungholt-Sage in lateinischer Sprache
niedergeschrieben. Sie zeigt inhaltlich verschiedene Ab-
weichungen von den übrigen bekannten Schilderungen, die
vor allem für die Lagebestimmung von Rungholt von Bedeutung sind. Die Übersetzung lautet:
„Ein kleines Geschichtchen aus einer
Nordstrander Handschrift friesischer Zunge
Rungholt war ein kleines Städtchen auf dem Strand bei
Pellworm, dort, wo jetzt Südfall sich befindet. In diesem ver-
langten einige betrunkene Bauern, daß der Pastor nach
einer öffentlichen Schankstätte herbeigeholt würde, damit
er einem Kranken den letzten Hilfs- und Liebesdienst leiste.
Der Wirt erinnerte jene daran, daß er eine gewaltige Sau
habe; man könnte diese durch ein Quantum Bier bis zur
Trunkenheit wie einen Menschen voll machen, und sie
werde durch ihr Grunzen die Stimme eines Kranken zum
Ausdruck bringen, wenn sie auf ein Lager gebettet wäre.
Da lachten die Bösewichter dazu und bildeten sich freveln-
den Sinnes ein, wenn sie die Frömmigkeit des Priesters und
Gott in dieser Weise verspotten könnten, sie den Ruhm
einer großen Tat sich bei ihren Mitbürgern erworben haben
würden. Der Priester, der da meinte, daß nichts weiter ge-
schehen würde, wenn er auch den Mutwillen sowie die Roh-
heit und den äußersten Frevelsinn seiner Pfarrkinder wohl
kannte, eilte mit dem heiligen Kelch am späten Abend her-
bei. Die Bauern mahnten ihn, daß er die heilige Handlung
begänne und führten den Priester zu dem Lager, auf dem
die Sau, von Bier eingeschläfert, grunzte, und suchten ihn
zu bedeuten, dort seien die Obliegenheiten seines Amtes
bei dem Kranken zu erledigen. Da der Mann das Tier er-
blickte, schauderte er zurück; aber als er nach den heftig-
sten Scheltworten gegenüber den Zechbrüdern fortgehen
wollte, rissen ihn die Teuflischen zur Ofenbank und hießen
ihn, er mochte nun wollen oder nicht, mit ihnen zu zechen.
Als er sich weigerte und alle Heiligen zur Hilfe rief, ver-
setzten sie ihm Ohrfeigen, entrissen dem Priester den
heiligen Kelch, warfen ihn auf den Boden und richteten,
nachdem sie ihn wieder aufgesammelt hatten, ein frevel-
haftes Saufgelage mit ihm an.

Endlich entließen sie den Priester mitten in der Nacht, nachdem sie ihn mit Fäusten zerbläut hatten, der nun über den Frevel seiner Pfarrkinder empört und eingedenk des ihm zugefügten Unrechts, da er an menschlicher Hilfe verzweifelte, unverzüglich die göttliche anrief. Und nicht blieb auf sein Bitten in dem hinter ihm wieder verschlossenen Gotteshause die rasche Strafe Gottes aus. Da ihn nämlich auf sein Flehen mit drei Jungfrauen in tiefer Nacht die Stimme anrief: „Weichet sofort mit den Eurigen auf die Hügel, denn bald wird Rungholt untergehen." Daher wanderten jene mit den Ihrigen von dort fort, wo jetzt Südfall liegt. Rungholt ging nun in dieser stürmischen Nacht mitsamt den umliegenden Kirchspielen durch eine Überschwemmung zugrunde. Keineswegs wurde es, wie die Menge bei uns erzählt, weil nämlich bisweilen Türme gesehen würden, ja sogar auch Glocken von den Vorübersegelnden gehört wurden, infolge Aufreißens des Meeresbodens verschlungen, sondern daß Rungholt vielmehr durch eine Überschwemmung verschüttet wurde, bezeugen die vielen Spuren alter, wenn auch zumeist durch Schlamm überdeckter Gräben bei zurücktretender Meeresflut, die ich selbst, weil diese Geschichte bei uns sehr verbreitet ist, mit meinen eigenen Augen habe wahrnehmen wollen, und zwar im Jahre 1635."

Anton Heimreich erzählt wie folgt:

Die Rungholt-Sage

„Unter allen diesen ertrunkenen Örtern ist Insbesonderheit benahmet der Flecke Rungholt, von dessen Verwüstung und Untergang, wie auch künftigem Wohlstande der gemeine Mann Bendes in vorigen und auch noch in jetzigen Zeiten viel Wunderdinges erzehlet. Inmassen man berichtet, daß auf eine Zeit etliche mutwillige Gäste eine Sau, mit Urlaub, sollen trunken gemachet und zu Bette geleget haben und darauf den Prediger lassen ersuchen, er möchte ihrem Kranken das Abendmahl reichen, und sich dabei verschworen, daß wenn er bei seiner Ankunft ihren Willen nicht würde erfüllen, sie ihn in den Graben stoßen wollten. Wie aber der Prediger das H. Sacrament nicht so greulich wollen mißbrauchen, und sie sich untereinander besprochen: ob man nicht sollte halten, was man geschworen? Und der Prediger daraus leichtlich gemerket, daß sie nichts Gutes mit ihm in Sinn hätten, hat er sich stillschweigens davongemacht.

Indem er aber wieder heimgehen wollte, und ihm zwo gottlose Buben, so im Kruge gesessen, haben sie sich beredet, daß, so er nicht zu ihnen hereingehen würde, sie ihm die Haut wollten vollschlagen. Seien darauf zu ihm hinausgegangen, haben ihn mit Gewalt ins Haus gezogen, und gefraget, wo er gewesen? Und wie ers ihnen geklaget, wie man mit Gott und ihm habe geschimpfet, haben sie ihn gefraget, ob er das H. Sacrament bei sich hätte. Und ihn gebeten, daß er sie dasselbe mochte zeigen. Darauf er ihnen die Büchse gegeben, darin das Sacrament gewesen, welche sie voll Biers gegossen und gotteslästerlich gesprochen, so daß er darinnen sei, so müsse er auch mit ihnen saufen, und wie der Prediger auf sein freundliches Anhalten die Büchse wiederbekommen, sei er damit zur Kirche gegangen, und habe Gott angerufen, daß er diese gottlosen Leute wolle strafen. Darauf er in der folgenden Nacht sei gewarnet worden, daß er aus dem Lande, so Gott verderben wollte, sollte gehen, sei auch aufgestanden und davongegangen, und habe sich alsbald ein ungünstiger Wind und hohes Wasser erhoben, dadurch das ganze Land Rungholt sei untergegangen, und niemand sei davongekommen, weder gemeldeter Prediger, und zwo (wie Andere melden, seiner Magd und drei) Jungfrauen, so den Abend zuvor von Rungholt aus auf Bopschlut zur Kirchmess seien gegangen."

Es ist zunächst interessant und von großer Bedeutung, daß Paysen eigentlich nur eine Abschrift bringt, da er schreibt: „Eine kleine Geschichte aus einer Handschrift friesischer Zunge." Vergleicht man nun Paysens Niederschrift mit den Abfassungen der Sage eines anonymen Schreibers und der Sage von Heimreich, so geht daraus hervor, daß Paysen von dem unbekannten Verfasser abgeschrieben hat.

Die inhaltlichen Unterschiede der Abfassung der Sage nach Paysens Abschrift gegenüber der des unbekannten Verfassers bzw. Heimreichs sind im wesentlichen folgende: zunächst ist die Einleitung bei Paysen ziemlich ausführlich abgefaßt, ohne daß dabei viel mehr gesagt wird. Paysen schreibt aber nichts davon, daß die Gäste den Priester in den Graben stoßen wollten, wenn er ihr Verlangen nicht ausführen würde, dagegen aber, daß er erst dann schlecht behandelt wurde, als er auf die „Frevler" geschimpft hatte.

Besonders auffällig ist, daß bei Paysen statt von der Oblatenbüchse von dem Kelch die Rede ist. Vor der Reformation wurde bei der Verabreichung des Sakraments niemals der Kelch benutzt. Der Verfasser der Handschrift kann also seine Darstellungen nicht vor, sondern erst nach der Reformation abgefaßt haben, also in der Zeit Paysens (geboren 16. April 1626).

Wenn man also die Texte der übrigen Darstellungen der Frevler-Sage, in denen von der Oblatenbüchse die Rede ist, mit der Schrift Paysens vergleicht, so kann daraus geschlossen werden, daß die ersten Texte wahrscheinlich die älteren sind. Auch gewinnen gerade diese, da es sich nur um die Oblatenbüchse handeln kann, viel an Glaubwürdigkeit.

Trutz, Blanke Hans.

Heut bin ich über Rungholt gefahren,
Die Stadt ging unter vor sechshundert Jahren.
Noch schlagen die Wellen da wild und empört,
Wie damals, als sie die Marschen zerstört.
Die Maschine des Dampfers schütterte, stöhnte,
Aus den Wassern rief es unheimlich und höhnte:
            Trutz, Blanke Hans.

Von der Nordsee, der Mordsee, vom Festland ge-
                                    schieden
Liegen die frisischen Inseln im Frieden.
Und Zeugen weltenvernichtender Wut,
Taucht Hallig auf Hallig aus fliehender Flut.
Die Möwe zankt schon auf wachsenden Watten,
Der Seehund sonnt sich auf sandigen Platten.
            Trutz, Blanke Hans.

Mitten im Ozean schläft bis zur Stunde
Ein Ungeheuer, tief auf dem Grunde.
Sein Haupt ruht dicht vor Englands Strand,
Die Schwanzflosse spielt bei Brasiliens Sand.
Es zieht, sechs Stunden, den Atem nach innen
Und treibt ihn, sechs Stunden, wieder von hinnen.
            Trutz, Blanke Hans.

Doch einmal in jedem Jahrhundert entlassen
Die Kiemen gewaltige Wassermassen.
Dann holt das Untier tiefer Atem ein,
Und peitscht die Wellen und schläft wieder ein.
Viel tausend Menschen im Nordland ertrinken,
Viel reiche Länder und Städte versinken.
            Trutz, Blanke Hans.

Rungholt ist reich und wird immer reicher,
Kein Korn mehr faßt selbst der größeste Speicher.
Wie zur Blütezeit im alten Rom,
Staut hier täglich der Menschenstrom.
Die Sänften tragen Syrer und Mohren,
Mit Goldblech und Flitter in Nasen und Ohren.
            Trutz, Blanke Hans.

Auf allen Märkten, auf allen Gassen
Lärmende Leute, betrunkene Massen.
Sie ziehn am Abend hinaus auf den Deich:
Wir trotzen dir, Blanker Hans, Nordseeteich!
Und wie sie drohend die Fäuste ballen,
Zieht leis aus dem Schlamm der Krake die Krallen.
        Trutz, Blanke Hans.

Die Wasser ebben, die Vögel ruhen,
Der liebe Gott geht auf leisesten Schuhen.
Der Mond zieht am Himmel gelassen die Bahn,
Belächelt der protzigen Rungholter Wahn.
Von Brasilien glänzt bis zu Norwegs Riffen
Das Meer wie schlafender Stahl, der geschliffen.
        Trutz, Blanke Hans.

Und überall Friede, im Meer, in den Landen.
Plötzlich wie Ruf eines Raubtiers in Banden:
Das Scheusal wälzte sich, atmete tief,
Und schloß die Augen wieder und schlief.
Und rauschende, schwarze, langmähnige Wogen
Kommen wie rasende Rosse geflogen.
        Trutz, Blanke Hans.

Ein einziger Schrei — die Stadt ist versunken,
Und Hunderttausende sind ertrunken.
Wo gestern noch Lärm und lustiger Tisch,
Schwamm andern Tags der stumme Fisch.
Heut bin ich über Rungholt gefahren,
Die Stadt ging unter vor sechshundert Jahren.
        Trutz, Blanke Hans?

Detlef von Liliencron
schrieb dieses Gedicht 1882 während seiner Amtszeit als Landes-
vogt auf Pellworm. Die Überschrift „Trutz, Blanke Hans" ging in
vielerlei Varianten in den deutschen Sprachgebrauch ein.
Liliencron wurde am 3. Juni 1844 in Kiel geboren, er starb am
22. Juli 1909 in Alt-Rahlstedt. An seine Amtszeit auf Pellworm er-
innert im Großen Koog das heutige Arzthaus, das noch „Lilien-
cronhaus" genannt wird.

Was alles vor der Entdeckung Rungholts bei der Hallig Südfall gesehen worden ist

Berichte über beobachtete Kulturspuren im nordfriesischen Wattenmeer gab es früher schon. Eine der ersten Schriften darüber ist die von Matthias Boetius (1624 gest.), in der er folgendes schreibt:

„Und die diesen Weg machen (nämlich von der Trendermarsch auf Nordstrand über das Watt zur Hallig Südfall), erkennen in dem schlammigen Boden die Spuren von Brunnen, Wegen und Gräben. Auch findet man dort nicht selten metallene Becken, Kessel und andere Gegenstände."

Matz Paysen — ein Zeitgenosse von Boetius — ist jedoch der erste, der von Spuren alter, meist mit Schlamm überdeckter Gräben direkt bei Südfall berichtet und diese auch mit eigenen Augen beobachtet hat. So schreibt er: „Rungholt war ein kleines Städtchen auf Strand bei Pellworm, dort, wo jetzt Südfall sich befindet." Man hätte also schon im Jahre 1635, als Paysen diese Beobachtungen machte, mit der Rungholt-Forschung beginnen können.

Erst um 1880 ist von dem Schiffer Peter Jürs erneut eine interessante Beobachtung gemacht worden. Andreas Busch notierte darüber folgendes:

„Nachdem ich, Peter Jürs, im März 1882 konfirmiert war, fuhr ich mit meinem Vater Jürgen Jürs aus Elmshorn zur See. Wir beförderten meist Feuerung nach Nordstrand. Ich glaube wohl, daß es in diesem Jahr war, als wir da zur Ebbezeit einmal im Dwarsloch lagen, daß mein Vater zu mir sagte: Sieh mal, Peter, da liegt ein Wrack, das habe ich vorher noch niemals gesehen. Wir lagen mit unserem Schiff noch recht weit davon ab und sind auch nicht einmal dorthin gegangen. Als ich später mit meinem Vater wiederholt dort gefahren bin, haben wir nichts wieder davon gesehen. Da es sich im Watt ständig verändert, werden die Holzreste wieder überschlickt worden sein. Als ich dann vor einigen Jahren mit meinem Schiff wieder einmal im Dwarsloch (Fallstief) lag, habe ich mir die inzwischen festgestellten Reste der früheren Schleuse auch angesehen, und da wußte ich, daß das vermeintliche Wrack nichts anderes als die Holzreste der Schleusen gewesen sind."

Von interessanten Beobachtungen und Erlebnissen konnte auch der Bauer Johann Hinz von Nordstrand berichten: „In der Zeit von 1881 bis zum 1. 9. 1900 war mein Vater

Klaus Hinz Besitzer der Hallig Südfall. Wir wohnten noch in unserem alten Hause mit dem Schindeldach, als ich am 15. 10. 1885 geboren wurde. Als ich 13 bis 14 Jahre alt war, nämlich in der Zeit von 1898 bis 1900, war das Marine-Vermessungsschiff ‚Albatros' im nordfriesischen Inselgebiet mit Vermessungsarbeiten beschäftigt. Zwei Matrosen der Besatzung waren etwa auf vier Wochen bei uns einquartiert und hatten die Aufgabe, täglich Flutmessungen zu machen. Ich wurde recht bekannt mit ihnen. So kam es, daß ich eines Tages nach dem Schiff ‚Albatros' mitgenommen wurde, um es zu besehen. Als das Schiff dann später auch ein paar Tage in der Hever zu Süden der Hallig vor Anker lag, kam eines Tages zur Ebbezeit der Erste Offizier oder der Kommandant mit mehreren Matrosen zu uns auf die Halligwarft. Der Offizier bat mich, mit ihm nach der Uferkante im Süden der Hallig zu kommen und einen Spaten mitzunehmen. Dort zeigte er auf eine Anzahl schwarzer Töpfe, die im Kleiboden der Abbruchkante mit der Öffnung weit nach unten steckten. Sie waren verschiedentlich nur zum Teil freigespült, und es schien, als wenn sie in zwei Reihen in einer Entfernung von etwa 1,50 m voneinander geordnet waren. Ich mußte nun einen Topf, der recht groß war, sehr sorgfältig ausgraben. Der Offizier meinte, in dem Topf Asche feststellen zu können, und sagte, daß hier ein Friedhof gewesen sei, jedoch nicht ein solcher, auf dem man Leichen beerdigt hatte, sondern einen Urnenfriedhof. Sodann fand ich auch noch einen Trinkbecher in der Form einer Tasse ohne Ohr, den ich dem Herrn überließ. Die Matrosen mußten dann den Topf vorsichtig an Bord tragen. Der Offizier war sehr begeistert über die Fundgegenstände und gab mir als Belohnung 20 Mark. In seinem Eifer ließ er sein Fernrohr auf der Halligkante liegen."

Als Johann Hinz im Herbst 1934 mit Busch zusammen Südfall aufsuchte, zeigte er ihm die Gegend, wo er für den Offizier den Topf ausgegraben hatte. Dabei gab er die Stelle an, wo der sogenannte „Niedamdeich" beginnt, in scharf östlicher Richtung zu verlaufen, nämlich genau südlich der Halligwarft von Südfall. Außerdem berichtet Hinz noch folgendes: „Es ist mir auch noch klar in Erinnerung, daß ich am südlichen Halligufer sehr oft Töpfe und besonders Scherben, auch sonstiges altes Zeug und Mauersteine gesehen habe. Mein Vater und ich sind eigentlich immer achtlos daran vorbeigegangen. Ein Topf wurde manchmal mit dem Fuß zerschlagen. Mein Vater gebrauchte oft das Wort: ,Dat ole Schiet het doch keen Wert!' Auch erinnere ich mich noch gut, daß ich an der damaligen Nordwestspitze der Hallig, die damals ,Kaob' (Kaob = friesisch: Kap) genannt wurde, auch Ackerspuren und Grüppel gesehen habe. Auf diesem Kaob habe ich dort, wo er von der Flut angenagt wurde, ein aus Holz angefertigtes größeres Gerät gesehen, und ich meine bestimmt, daß es eine alte hölzerne Pumpe war, bei der noch ein größerer hölzerner Schwengel lag. Das Holz war aber so mürbe, daß man es zerreiben konnte."

Kaob war damals ein nur noch recht schmaler Streifen Halligland gewesen. Unter diesem restlichen Halligboden ruhten damals noch die sogenannten acht eigentlichen Rungholtwarften, die heute freigespült sind. Es ist schade, daß es hier an einer kontinuierlichen Beobachtung gefehlt hat.

Von einem weiteren Fund auf Kaob erfuhr Busch von Bernhard Tetens (geb. 1879), der längere Zeit (1901—1910) auf Südfall als Schäfer beschäftigt gewesen war. Innerhalb dieser Zeit fand er auf dem Kaob, das damals schon sehr stark im Abbruch lag, in dem Kleiboden einen Menschenschädel, den er mit zur Warft brachte. Wo der Schädel geblieben ist, wußte er nicht mehr, meinte jedoch, daß er irgendwann einmal wieder vergraben worden sei. Tetens erinnerte sich noch gut daran, daß er auf dem Kaob längliche Soden gesehen habe. Auch hatte er von dort aus in südlicher Richtung alte Gräben und Grüppel wahrgenommen. Von der Nordwestspitze hatte er zwei kleine Hügel im Watt beobachtet, die alte Warften gewesen zu sein schienen. Auch erzählte Tetens, daß er erfahren habe, daß der Vater des zuvor schon genannten Johann Hinz an der südlichen Halligkante Torf gegraben habe, und daß dieser Torf immer erst ein Jahr lagern mußte, weil er sonst zu schlecht brannte. Als Hinz noch auf Südfall wohnte, ist also, wie hieraus folgt, die sogenannte moorige Niedam-Warft, die später noch genauer beschrieben wird, schon zum Vorschein gekommen.

Ebenfalls von Interesse ist, was der Schäfer Julius Lander bei Südfall gesehen hat. Wie er Busch erzählte, war er schon auf Südfall zu der Zeit beschäftigt, als der Vater von Hinz noch dort wohnte. Lander hat auch noch die äußerste Spitze vom Kaob gekannt, als diese schon abgetrennt gewesen war. Hier ist also schon die sogenannte Warft 7, eventuell auch die von Busch später festgestellte Warft 8 zum Teil freigespült gewesen. An dieser Stelle hat Landers Töpfe und besonders viele Scherben und auch Brunnenringe vorgefunden. Ganz besonders gut hat er von hier aus in südlicher Richtung die alten Feldereinteilungen, Grüppel und Gräben gesehen. Sehr deutlich beobachtete er hier auch einen alten Weg mit einem Graben an jeder Seite, der verschiedentlich durch Hecktordämme für die einzelnen Fennen unterbrochen war. Auch hat Lander am Abbruchufer des Kaob einen Teil eines Gebäudefundaments gesehen; es lagen dort quadratische und rechteckige Soden wie ein Mauerwerk in gerader Linie angeordnet. Dazwischen war mehrfach ein vermorschter Ständerrest erkennbar. Die Soden waren also wie bei einem Fachwerkbau zwischen den Balken (Ständern) eingebaut gewesen.

Des weiteren ist noch interessant, was der Hofwächter Ludwig Bauer in seiner Jugend 1903 auf Südfall erlebt hatte. Er erzählte Busch folgendes: „Durch meinen Onkel bekam ich Gelegenheit, im Sommer 1903 mehrere Tage auf Südfall zu verleben. Der Besitzer der Hallig war damals Wilhelm Carstensen. Ich war als Schuljunge zum ersten Mal auf Südfall und fand dort Interessantes verschiedener Art vor. So lief ich an der Nordwestspitze der Hallig vor dem kleinen Sommerkoog am Strand umher und fand dort viele große Ziegelsteine vor, die mich besonders fesselten. In dem Augenblick kam Carstensen auf mich zu. Er fragte mich, ob ich Strandgut suche und meinte, daß ich das wohl nicht finden werde. Ich sprach jedoch von den vielen Steinen, worauf er mich aufforderte, mit ihm zu gehen. Dann zeigte er mir eine Art von Fundament, ein Mauerwerk aus Ziegelsteinen in einer Länge von 5—6 m, das noch eine kleine Ecke besaß, und an die sich eine Hausendmauer von etwa 1,5 m Länge anschloß. Darauf zeigte er mir Sodenbrunnen. Auch sah ich dort einen umgeschlagenen, entwurzelten Baumstamm mit Ästen und Zweigen im Klei liegen. Carstensen sagte mir, daß hier einstmals Leute gewohnt hätten und betonte ausdrücklich, daß dies Rungholt sei."

Besiedlung der Hallig Südfall

Wenn bei der großen Sturmflut 1634 auf Südfall allein 46 Menschen ums Leben kamen, so ist das ein Beweis dafür, daß die Hallig damals eine verhältnismäßig zahlreiche Bevölkerung gehabt hatte. 1711 gab es auf Südfall sogar noch einen Krug.

Im Jahre 1781 befanden sich auf Südfall sechs Häuser und ein Haubarg; bald darauf ging die Zahl der Bewohner jedoch rasch zurück. Es folgten mehrere Sturmfluten, und in der Oktobernacht des Jahres 1881 floh auch der letzte Halligbewohner auf das Festland, aus Angst davor, noch eine weitere Sturmflut miterleben zu müssen.

Viele Jahre lang lag die Hallig dann verlassen da, bis sie schließlich von der Gräfin Diana von Reventlov-Criminil gekauft wurde. Später zog sie ganz nach Südfall und starb dort am 5. August 1953 im Alter von 91 Jahren. Ihre Erben verkauften 1954 die Hallig an das Land Schleswig-Holstein.

Im Jahre 1966 pachtete der auf Nordstrand ansässige Landwirt Ernst August Dethleffsen die Hallig Südfall, um innerhalb der allmählich sterbenden Halligwelt gerade Südfall in voller Reinheit und Natürlichkeit zu erhalten. Dethleffsen, ein Freund der nordfriesischen Halligwelt, achtet heute strengstens darauf, daß niemand die sorgfältig angelegten Wege und gepflanzten Büsche zerstört. Deshalb ist ein Besuch (etwa 7 km über festes Watt) nur mit seiner schriftlichen Genehmigung möglich.

Auf der Nordseite Südfalls ziehen sich die charakteristischen schneeweißen Muschelbänke entlang. Die Hallig ist heute etwa 56 ha groß (1876 noch 119 ha) und dient heute als Schafweide und Naturschutzgebiet. Im Sommer ist Südfall Brutplatz für viele Seevögel (Mai bis Juni). 1936 wurde zur Sicherung des Abbruchufers die Westseite mit einer Basaltsteindecke gegen die weiter voranschreitende Abrasion geschützt. Während des Krieges war diese Steindecke jedoch sehr verfallen, da durch zwei treibende Minen große Löcher hineingerissen wurden. 1952 wurde die verfallene Böschung etwa 15 bis 20 m zurückverlegt.

Rungholt-Karten

Um beantworten zu können, wo exakt Rungholt einmal gelegen hat, müssen wir uns die Karten von Johannes Mejer
(1606—1674) aus Husum, Peter Sax (1597—1662) und Johann
Berentz einmal genauer betrachten. In der Frage, ob es sich
bei den vielen aufgefundenen Kulturspuren in unserem Wattengebiet wirklich um das Rungholt-Gebiet handelt, spielt
die Karte „Clades Rungholtina" von Peter Sax eine sehr
große Rolle. Der Vergleich dieser Karte mit den bekannten
Wattfunden bestätigt nach Ansicht von Busch eine recht
gute Übereinstimmung in den betreffenden Gebieten, wie
zum Beispiel das Rungholt-Gebiet, das Niedam-Gebiet sowie das Gebiet um Fedderingman Capelle vel Rip, von dem
1950 einige Brunnen entdeckt worden sind.

In den Randnotizen auf seiner Karte bestätigt Sax, daß
sich das Unglück von Rungholt tatsächlich im Heverwatt-
strom zugetragen hat. Weiterhin gibt Sax an, es seien 7600
Menschen umgekommen und die Flut verursachte 21 Deich-
brüche. Beim Studium dieser Karte fand Busch heraus, daß
die schwarzen, getuschten Deichstrecken wahrscheinlich
von Mejers Hand stammten, während von Sax ganz sicher
die Beschriftung stammt. Busch schloß daraus, daß die
Kenntnis vom Rungholt-Gebiet Johannes Mejer dazu ange-
regt hat, seine Karte von 1636 zu zeichnen. Diese wäre dann
also die erste Nachzeichnung der Clades Rungholtina,
während die Karte im Danckwerth („Abriß von Rungholte
und seinen Kirchspielen Anno 1240") aus dem Jahre 1652
die zweite Nachzeichnung ist.

Mejers erste Nachzeichnung ist mit einem umfangreichen
Schrifttext versehen. Dort heißt es, daß sieben oder neun
Kirchspiele Rungholts — mit ihren Wässern, Wäldern, Tei-
chen und Schleusen — und acht oder neun Kirchspiele von
der Insel Eiderstedt untergegangen seien. Außerdem gibt
Mejer an, daß das untergegangene Gebiet „Rungholt und
seine Kirchspiele ein Areal in der Größe von 11 000 Demat
war" (1 Demat etwa 0,5 ha). Die Angabe von 11 000 Demat
erfuhr Mejer von Johann Berentz, der 1633 die Aufgabe
hatte, einen Deich von Pellworm nach Nordstrand zu bauen,
um mit einem Schlage 11 Tausend Demat Land zu gewinnen. Dieses Projekt erübrigte sich jedoch, da das hufeisen-
förmige Alt-Nordstrand ein Jahr später, im Jahre 1634, stark
zerstört wurde.

Die Tatsache, daß auf Mejers Karte von 1636 südwestlich der Trendermarsch (auf Nordstrand) und südlich von Halgenes das Wort „Veer" (Fährhaus oder Schiffsanlegestelle vor dem Außendeich) verzeichnet ist, dürfte nach Meinung von Andreas Busch darauf hindeuten, daß Mejer die Clades Rungholtina mit seiner Karte vervollständigen wollte; auf der Clades Rungholtina fehlen nämlich diese Angaben. Alle drei Karten (von Sax und die beiden von Mejer) weisen die Ortsbezeichnung „Niedam" auf.

Außerdem stimmen auf den Karten die Deiche nach Lage und Richtung gut überein.

Lagebestimmung von Rungholt

Die Paysensche Abschrift enthält gegenüber allen anderen Darstellungen der Rungholt-Sage einen besonderen Inhalt, weil der Verfasser sich darin mehrfach über die Lage des einstigen Rungholt ausläßt. So steht am Anfang: „Rungholt war ein kleines Städtchen auf dem Strand bei Pellworm, dort, wo jetzt Südfall sich befindet", und von den Geretteten wird später erzählt: „Daher wanderten jene von dort fort, wo jetzt Südfall liegt."

In seiner Selbstbiographie schreibt Paysen, er habe im Jahre 1635 die Spuren alter, wenn auch meist durch Schlamm überdeckter Gräben bei zurücktretender Meeresflut mit eigenen Augen gesehen.

Es ist wahrscheinlich, daß er die Zusätze am Schluß über die Lage Rungholts selbst hinzugesetzt hat. Wichtig ist, daß er damals, vor 300 Jahren, mit Selbstverständlichkeit der Meinung war, Rungholt habe einst im jetzigen Südfallgebiet gelegen. Diese Ansicht muß auch Peter Sax, ein Zeitgenosse Paysens, gehabt haben. Er zeichnete nämlich auf seiner Karte von Nordstrand direkt an der Nordostküste der damaligen Hallig Südfall den Namen Rungholt. Der Name ist also dort angegeben, wo heute der östliche Teil, das Restgebiet der Hallig, sich befindet und somit ganz in der Nähe der von Busch festgestellten acht eigentlichen Rungholt-Warften. Auch aus Sax' Karte „Edom harde hat verloren" sowie aus der Clades Rungholtina ergibt sich, daß er Rungholt in der Südfallgegend angenommen hat.

Im Gegensatz zu Sax hat Mejer auf seiner Karte „Ambt Husum ... und dem Nordstrande 1649" den Ort Rungholt über 2 km nordöstlich von Südfall vermerkt, also dort, wo heute der sogenannte „Rungholt-Sand" liegt.

Nach der Aussage von Lander ist man auf Nordstrand vielfach der Meinung, Rungholt lag nördlich vom „Fule Slot", einem Wattenstrom nördlich von Südfall. Auch meinte man, der „Fule Slot" sei mitten durch Rungholt gerissen.

Nach Landers Aussage ist man auf Südfall immer der Meinung gewesen, Rungholt habe in der Gegend vom Kaob oder etwas nördlich davon in der Richtung nach Pellwom hin gelegen.

Theodor Möller schrieb in seinem Aufsatz „Eine Fahrt nach Rungholt am 10. Juni 1924" in der Einleitung folgendes über die Entdeckung Rungholts: „Schon mancher war in früheren Jahren auf die Suche gegangen nach den Spuren dieser verschollenen Welt, aber keinem lächelte das Glück des Entdeckers. Sie hatten wohl alle an der verkehrten Stelle das Watt abgesucht. Der Rungholt-Sand westlich vom Nordstrander Norderhafen hatte es ihnen angetan; dieser Name zog sie an wie ein Magnetberg und lenkte sie in die Irre. Es bedachte wohl keiner, daß auch die Sande im Wattenmeer, ähnlich wie auf dem Festland die Dünen, fortgesetzt wandern."

Busch fand einen Gewährsmann, der ihm glaubwürdig Näheres erzählen konnte über jemanden, der auf die Suche gegangen war nach den Überresten dieser vergangenen Welt. Dieser Mann war der Schiffer Ludolf Jacobsen aus Norderhafen.

Jacobsen ließ es sich etwas kosten, im Watt Funde auszugraben, um eventuell, wie die Leute behaupteten, die Glocke von Rungholt zu finden. Er besaß ein größeres Boot, mit dem er mehrere Male mit 5 bis 6 Arbeitern vom Norderhafen aus nach Rungholt-Sand zum Suchen und Graben hinausfuhr. Bei der Ankunft des rückkehrenden Bootes liefen die Leute zum Hafen, in der Erwartung, die Grabungen könnten von Erfolg gewesen sein. Der Schiffer Jensen aus Morsum erinnerte sich nicht daran, daß Funde gemacht worden seien. Er hatte Busch von den Grabungen Ludolf Jacobsens berichtet.

Nach sicherer Aussage von Volquart Hansen aus Norderhafen sind von Jacobsen jedoch einige Funde geborgen worden. Nachdem letzterer 1915 gestorben war, gab seine Frau eine ganze Anzahl von Keramikscherben, alten Topfteilen u. ä., die bei ihr auf dem Boden lagen, an den Schiffer Hans Clausen ab. Dieser besaß großes Interesse für derartige Reliquien aus alten Zeiten und bewahrte sie sorgfältig auf, bis er sie schließlich an ein Museum abgegeben hat; leider konnte Busch trotz mehrfacher Bemühungen nicht mehr feststellen, welches Museum gemeint war. Die Wahrscheinlichkeit ist außerordentlich hoch, daß die Funde um 1888, in der Jacobsen seine planmäßigen Suchaktionen durchführte, beim Graben auf dem „Rungholt-Sand" von ihm dort geborgen worden sind.

Bekanntlich verlagert sich der „Rungholt-Sand" auch heute noch immer weiter in nordöstlicher Richtung. Seit 1920 versandete bereits die Fahr- und Entwässerungsrinne, die von Norderhafen aus in nördlicher Richtung nach der „Holmer Fähre" verlief, so daß man dieses Strombett in die „Fule Slot" umleiten mußte.

Auf Nordstrand und besonders am Norderhafen sagt man heute weniger „Rungholt-Sand", sondern man kürzt ab und spricht meist nur noch von Rungholt. So sagt man zum Beispiel fälschlicherweise, daß „Rungholt" sich immer weiter nach Osten verlagert; alljährlich wurde die Bake, die wegen der Untiefe der Sandbankspitze des Rungholt-Sandes für die Fahrten nach Nordstrandischmoor gesetzt werden mußten, um etwa 30 m nach Osten versetzt.

Da vielfach nur von „Rungholt" gesprochen wird und da dieses „Rungholt" bald im Norden von Norderhafen liegt, gelangte die jüngere Generation bald zu der Vorstellung und Annahme, der einstige Ort hätte dort auch wirklich gelegen.

Nun ist aber heute bekannt, daß Rungholt nicht dort gelegen haben kann, da dort das Alt-Nordstrander Gebiet von vor 1634 gelegen hat. Dort, wo Jacobsen das Wattengebiet abgesucht hatte, lagen nach den Karten von Mejer und Sax die einstigen Orte „Gaikebüll" und „Stintebüll", und es ist wohl wahrscheinlich, daß Jacobsens Funde aus den Überresten dieser beiden Orte stammten.

Der Name „Rungholt" und der Untergang dieser angeblichen Stadt ist erst bekannt und volkstümlich geworden durch das Gedicht Detlev v. Liliencrons, „Trutz, Blanke Hans". Die Anregung dazu wird der Dichter wohl auf einer seiner Reisen mit dem Pellwormer Raddampfer von Husum hin und zurück bekommen haben. Damals existierte der Nordstrander Damm noch nicht. Die übliche Schiffahrtsroute von Husum verlief immer in der Stromrinne zu Osten der damaligen Pohnshallig und dann weiter in dem Tief der Holmer Fähre. Im Süden dieses Tiefs lag jene große Sandbank, der „Rungholt-Sand". Wo heute auf den Seekarten dieser Name vermerkt ist, hatte sich bis 1634 eine große Fläche Anwachsland gebildet, das wohl schon z. T. mit Gras bewachsen war. Dieser Anwachs hat jedoch nicht gehalten; er ist im Laufe der Zeit versandet. Als Liliencron um 1885 mit dem Pellwormer Raddampfer durch die Holmer Fähre und die Norderhever (früher: Het Val oder: Fallstief genannt) gefahren ist, war er in Wirklichkeit also nicht über Rungholt gefahren!

Es besteht ein wesentlicher Unterschied zwischen Liliencrons Vermutung, wo Rungholt gelegen haben soll, und der Stelle, wo Busch die letzten Reste des tatsächlichen Rungholt gefunden hat. Ein noch größerer Gegensatz besteht darin, daß der Dichter sich den Ort als eine mittelalterliche Stadt mit großen Kornspeichern am Hafen, mit einem kunstvoll gebauten Stadttor, einem gepflasterten Marktplatz sowie einer wuchtigen, aus Backsteinen erbauten Domkirche vorgestellt hat, während Buschs Untersuchungsergebnisse eindeutig zeigten, daß man hier von ganz primitiven örtlichen Verhältnissen auszugehen hat; man muß sich hier von jeglicher Schwärmerei freimachen!

Entdeckung der letzten Spuren Rungholts

Als der junge Andreas Busch zum erstenmal auf Südfall war, zeichnete er 1898 im Alter von 15 Jahren in aller Eile, um noch mit derselben Ebbe wieder nach Nordstrand zu kommen, vom Ufer der Hallig aus das alte Strohdachhaus; zu jener Zeit war Rungholt jedoch noch von Meeressedimenten bedeckt.

23 Jahre später, am Pfingstmontag, dem 16. Mai 1921, gewahrte der Achtunddreißigjährige sieben Schleusenpfähle (einer Entwässerungsschleuse) und noch andere Kulturspuren des alten Rungholt. 1923 schrieb er einen ausführlichen Aufsatz darüber im „Jahrbuch des Nordfriesischen Vereins" (Jg. 10, S. 3—32).

In einer Ausgabe der Zeitschrift „Die Heimat" aus dem Jahre 1933 findet man einen Artikel, in dem Busch beschreibt, wie Felix Schmeißer und er 1921 nur etwa 7 Pfähle der sogenannten „neueren Schleuse" fanden; diese Pfähle ragten etwa 60 bis 80 cm aus dem Schlick heraus. Von der „älteren Schleuse" war noch nichts zu erkennen gewesen. Weiterhin sahen sie erstmals die Reste von untergegangenen Warften, den Untergrund eines alten Deiches, zahlreiche Sodenbrunnen und große Flächen alter Feldfluren und Äcker. Sehr gut konnten sie auch die drei untergegangenen Südfallwarften von 1821 erkennen, nämlich die Süder-, die Oster- und die Norderwarft.

Als Busch 1933 einmal eine ausgedehnte Wattwanderung unternahm, konnte er nur noch die Süder- und die Osterwarft beobachten; der Untergrund der dritten Warft war durch die Gezeitenströmung und den winterlichen Eisgang völlig abgeschliffen, so daß 1933 nichts mehr von ihr zu sehen war.

Bei der Schleusengegend, wo 1921 erst 7 hölzerne Pfähle aus dem Schlick ragten, ist bis 1933 etwa 70 cm Bodenmasse abgetragen worden. Busch konnte seitdem auch die untersten Teile einer zweiten, älteren Schleuse sowie Spundwände, die zum Abdichten der Schleusenkammer dienten, Seitenbalken und gespundeten Bodenbelag sehr gut erkennen.

Welche der beiden von Busch aufgefundenen Schleusen die ältere gewesen ist, war daran zu erkennen, daß ein planmäßig angelegter Sielzug auf diese zulief. An dessen Resten war deutlich zu erkennen, wie sie einst an beiden Enden der Schleusenkammer mit Pfählen und Planken abgedichtet worden war. Die Reste der neueren Schleuse dagegen waren daran zu erkennen, daß sie größere Ausmaße besaß als die ältere. Außerdem war sie 40 m entfernt von der älteren Schleuse in festen Boden gebaut worden, wie es bei den heutigen Neubauten von Schleusen vielfach üblich ist. Einige Jahre nach 1921 kamen dann die Schwellen (Drümpel) der neueren Schleuse frei. Diese Holzteile, ebenso wie die der älteren Schleuse, sind um 1935 alle fortgetrieben. Eine Schwelle jedoch konnte A. Busch am 12. Juli 1935 noch retten, da sie sich durch die ständige Bewegung des Wassers aus dem Verband losgelöst hatte und an das Halligufer von Südfall getrieben wurde. Diese Schwelle ist aus Eichenholz und besitzt eine Länge von 5.30 m (ohne Endzapfen) und eine Stärke von $20 \times 19-20$ cm. Außer den bislang drei geborgenen Eichenschwellen befanden sich 1963 im Wattboden an der Stelle, wo die Schleusen gestanden hatten, noch 10 Bohlwerkspfähle, die die Reste der einstigen Kammer sind.

Zur Rekonstruktion der jüngeren und der älteren Rungholt-Schleuse

Busch hat die in Frage kommenden Unterlagen zur Rekonstruktion der Rungholt-Schleusen in seinen Aufsätzen angeführt. Die eine von ihm entworfene Zeichnung stellt den Grundriß der größeren, 1362 zuletzt in Betrieb gewesenen Schleuse dar. Auf dieser Skizze entsprechen alle durchgezogenen Linien der Realität, während die gestrichelten als Hypothese anzusehen sind. Die Schleusenkammer der neueren Schleuse war 25,50 m lang und insgesamt 5,36 m breit. Die Wände der Kammern bestanden aus Balken. Die Kammer war durch zwei Balkenwände (je 20×24 cm) unterteilt, so daß drei Durchlässe mit je einer lichten Weite von 1,47 m vorhanden waren, was einer Gesamtdurchlaßweite von 4,40 m entspricht. Beim Begehen dieser Schleusenstätte in den ersten Jahren nach 1921 verspürte Busch deutlich die Rinnen unter den Füßen, in denen die mittleren Lagerbalken gelegen hatten.

Die beiden am 10. September 1961 geborgenen Schleusenbalken stammen vom Innenvorboden der Schleuse auf der Innendeichseite. An diesen Balken waren zum Teil noch unregelmäßig angebrachte Bohrlöcher zu erkennen, in denen teilweise noch Holznägel steckten, mit denen die Bohlen des Vorbodens befestigt gewesen waren.

Bei dem von A. Busch am 12. Juli 1935 gefundenen Balken handelt es sich um einen Lagerbalken des Vorbodens auf der Außendeichseite der Schleuse. Dieser Balken besaß jedoch nur zwei Bohrlöcher, von denen eines nur halb durchbohrt war. Die Bohlen dieses Außenvorbodens waren deshalb an jeder Seite auf dem nächsten Lagerbalken befestigt.

Wie auf der von Busch angefertigten Zeichnung ersichtlich, befanden sich auf der Außendeichseite 6 Querlagerbalken, die an den Enden zapfenmäßig — wohl nur mit der Axt bearbeitet — in die senkrecht stehenden Bohlwerkspfähle hineingezimmert waren (3 auf einer Außendeichseite, 2, die die linke Seite der Schleuse begrenzten und einer auf einer Innendeichseite, d. h. insgesamt 12 Bohlwerkspfähle). So erhielten diese Pfähle einen besseren Halt. Außerdem konnten die waagerecht liegenden Lagerbalken der Vorböden nicht hochtreiben. Die senkrecht stehenden Pfähle waren jedoch an den Stellen, in denen die zugespitzten Enden der Lagerbalken steckten, örtlich geschwächt. Diese schwachen Stellen waren durch ein Pflockloch (um einen Keil hineinzutreiben) noch weniger haltbar gewesen. Normalerweise müßte hier früher immer eine Bruchstelle gewesen sein, weil die aus dem Watt ragenden Stumpen oben ein klauenförmiges Aussehen bekommen haben. Ob diese neuere Schleuse Falltüren oder schon Tore gehabt hatte, ist bis heute unbekannt.

Ob und wie bei dieser neueren, 5,36 m breiten Rundholt-Schleuse die Bohlen der Vorböden — von denen drei gefunden wurden — und der Kammerböden (von ihnen wurden keine mehr vorgefunden) aneinandergefügt waren, wird erst bei der Untersuchung der Holzreste der älteren Rungholt-Schleuse erörtert.

Die Überbleibsel der älteren Schleuse wurden von Busch erst im Frühjahr 1922 wahrgenommen, da sie ein Jahr zuvor noch mit Wattschlick überdeckt gewesen waren.

Bei den Trümmern dieser Schleuse konnte man bis 1936 immer wieder Pfähle, Planken, Rundhölzer und Bohlen beobachten, die als Spundmaterial auf der Innen- sowie auf der Außendeichseite dienten. Die Anordnung dieser Rundhölzer und behauenen Pfähle — eine dreifache Spundwand — läßt mit Bestimmtheit darauf schließen, daß diese Schleuse undicht („bilöbsch") gewesen ist. Bei den Resten der jüngeren Schleuse hingegen ist jedoch nichts von solchem Holz zum Abdichten (Spundmaterial) vorhanden; sie hat offensichtlich gehalten. Dieses Abdichtungsmaterial läßt den Schluß zu, daß diese Schleuse unbrauchbar, beziehungsweise zu klein für die Entwässerung geworden war.

Busch konnte bei den Resten dieser Schleuse eine Kammerlänge von etwa 20,5 m feststellen. Sie besaß nur zwei Durchlässe, die je eine lichte Weite von 1,30 m aufwiesen. Etwas später bemerkte Busch, daß über den unteren Bohlen und Schwellen des Kammerbodens noch eine dünne Schicht von Bohlen mit Nut und Feder gelegt worden war. Busch hält diese Auflageschicht für eine Ausbesserung, die durchgeführt wurde, nachdem die ursprünglichen Bohlen und Schwellen des Kammerbodens undicht geworden waren. Um diese nachträglich eingesetzten Hölzer zu befestigen, wurden sie an beiden Enden angespitzt und in die für diesen Zweck geritzten Fugen in die Wandbalken eingefügt. In mehreren dieser dünnen Bohlen konnte Busch außerdem noch an einem Ende das Loch für einen Holznagel erkennen.

1935 wurden die wahrscheinlich durch Eisgang verschobenen Wandbalken mit Löchern für die Pflöcke (Düwel) untersucht. Man fand heraus, daß eine Balkenwand aus langen und kurzen Balkenenden errichtet worden war, die teilweise noch im Verband lagen. Die Düwel zum Befestigen der Wandbalken waren unbedingt notwendig, da damals noch nicht mit Mörtel gebaut werden konnte. Diese Baumethode ist vermutlich auch beim Bau der neueren Schleuse angewandt worden.

Vergleicht man nun die Maße der beiden Rungholt-Schleusen mit den angegebenen Maßen anderer, zur gleichen Zeit gebauter Schleusen Nordfrieslands, so gelangt man zu folgendem Ergebnis: andere nordfriesische Schleusen waren nämlich 8, 10, 12 und 14 Fuß breit und 4, 6 bis 8 Fuß hoch (1 Fuß etwa 32 cm). Die ältere Rungholt-Schleuse dagegen mit etwa 10 Fuß Breite und die neuere Schleusenanlage mit etwa 18 Fuß Breite (5,36 m) sind schon recht beachtliche Bauwerke gewesen.

Bau und Funktion der Rungholt-Schleusen

Diese Frage kann relativ leicht beantwortet werden: die neuere Schleuse ist erst nach der großen Sturmflut von 1362 nutzlos geworden. Es ist bekannt, daß Holzschleusen nicht

Brunnen am Niedamdeich, ausgesetzt mit Torfsoden. (Aufgenommen am 23. 10. 1935)

Untergrund des Niedamdeiches. Spuren einstiger Erdentnahmegräben. (Aufgenommen am 16. 11. 1935)

Ehemalige Landoberfläche, auf der der Niedamdeich gelegen hat.
Früher sind hier längliche Soden abgegraben worden. (Aufgenommen am 16. 11. 1935)

Brunnen im „8-Warften-Gebiet". Im Hintergrund die Kirchwarft
und Feldereinteilungen

Reste der früheren Kirchwarft. Im Hintergrund die Insel Pellworm.
(Aufgenommen am 25. Mai 1935)

Sodenschichten an der Warftböschung der nordöstlichen Warft.

Unter dem Halligboden hervortretender alter Wiesenboden mit Trockenrissen. Rechts ein alter Entwässerungsgraben. (Aufnahme vom Juni 1935)

Holzreste der älteren und im Hintergrund der neueren Schleuse. (Aufnahme vom Juni 1935)

Pflugfurchen aus der Zeit vor 1362, die seitdem vom neuaufgelandeten Halligboden überlagert wurden und erneut freigespült worden sind. (Vor der Nordwestspitze der Hallig Südfall, aufgenommen am 28. September 1938)

Nordöstlicher Brunnen auf der großen Warft westlich der Kirchwarft (Warft 2). (Aufgenommen am 5. November 1935)

Rekonstruktionsversuch der Sodengewinnung für den Brunnenbau.
(Nach Andreas Busch)

Die Bergung des größeren Schleusenbalkens. Im Hintergrund die
Hallig Südfall

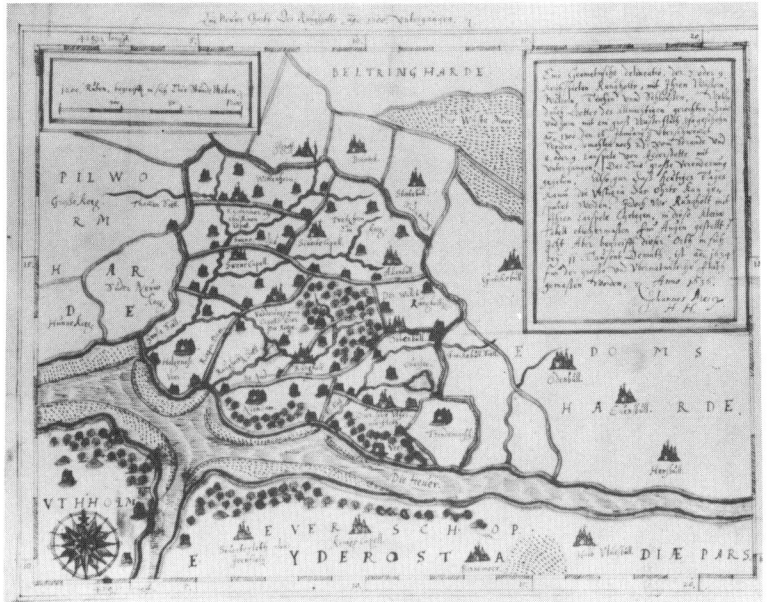

Zeichnung von Johannes Mejer aus dem Jahre 1636 für die Karte
im Danckwerth-Atlas „Abriß von Rungholte und seinen Kirchspielen Anno 1240" aus dem Jahre 1652. Original im Archiv der
Königlichen Bibliothek in Kopenhagen

Brunneninhalt: Keramiktöpfe und -scherben

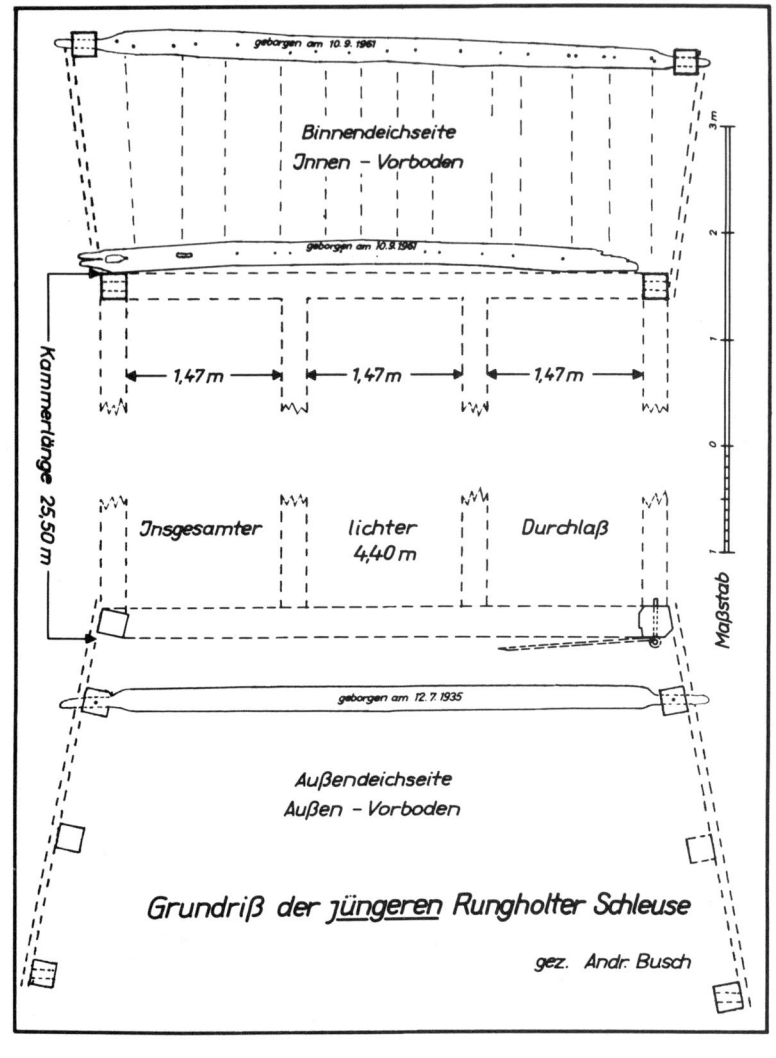

Schematischer Grundriß der jüngeren Rungholt-Schleuse

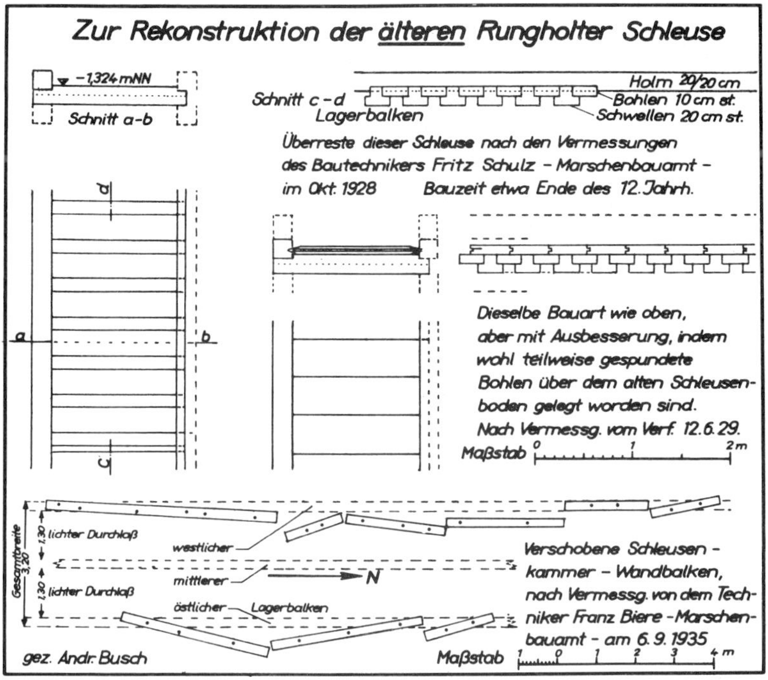

Zur Rekonstruktion der älteren Rungholter Schleuse

-1,324 mNN

Schnitt a-b

Schnitt c-d

Lagerbalken

Holm 20/20 cm
Bohlen 10 cm st.
Schwellen 20 cm st.

Überreste dieser Schleuse nach den Vermessungen
des Bautechnikers Fritz Schulz – Marschenbauamt –
im Okt. 1928   Bauzeit etwa Ende des 12. Jahrh.

Dieselbe Bauart wie oben,
aber mit Ausbesserung, indem
wohl teilweise gespundete
Bohlen über dem alten Schleusen-
boden gelegt worden sind.
Nach Vermessg. vom Verf. 12.6.29.
Maßstab 0   1   2 m

Gesamtbreite

lichter Durchlaß

westlicher

mittlerer

östlicher   Lagerbalken

lichter Durchlaß

N

Verschobene Schleusen –
kammer – Wandbalken,
nach Vermessg. von dem Tech-
niker Franz Biere – Marschenbauamt – am 6.9.1935

gez. Andr. Busch   Maßstab 1   0   1   2   3   4 m

Schematische Skizzen zur Rekonstruktion der älteren Rungholt-
Schleuse

Boden eines alten Holzfasses

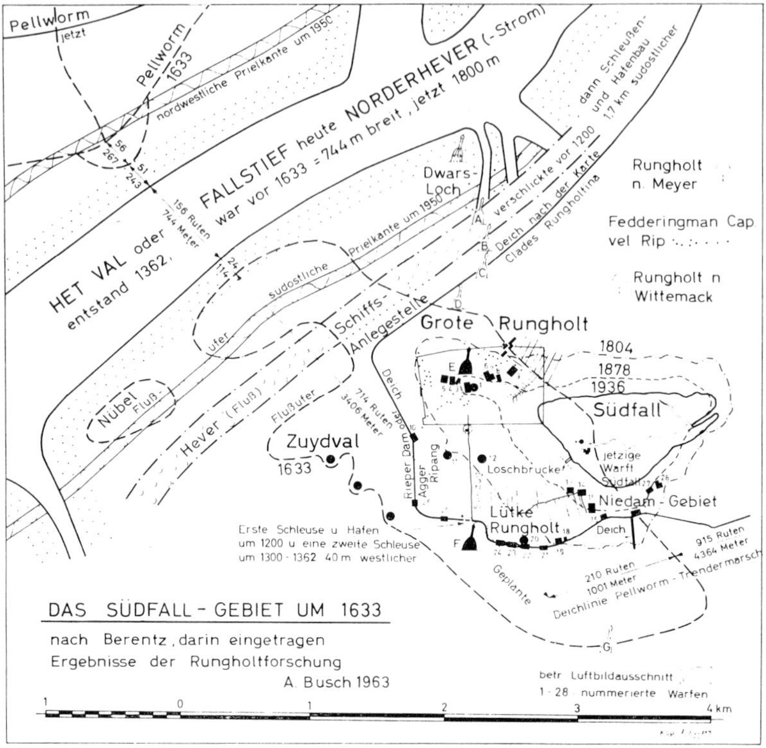

Das Südfall-Gebiet um 1633 nach Berentz, darin eingetragen die
Ergebnisse der Rungholt-Forschung. (Stand 1963)

Höhenverhältnisse im Südfall-Gebiet

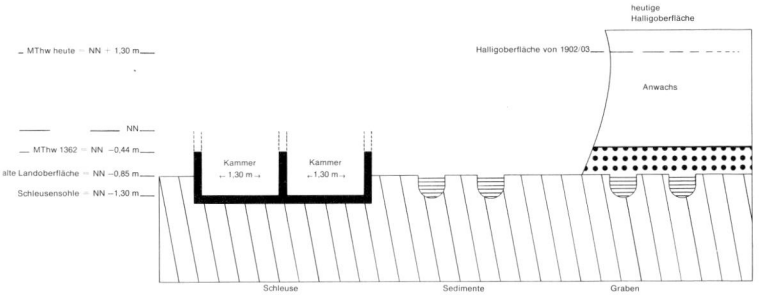

Schnitt durch das Südfallgebiet nach Angaben von A. BUSCH

gez. Bernd Mirbach

Clades Rungholtina

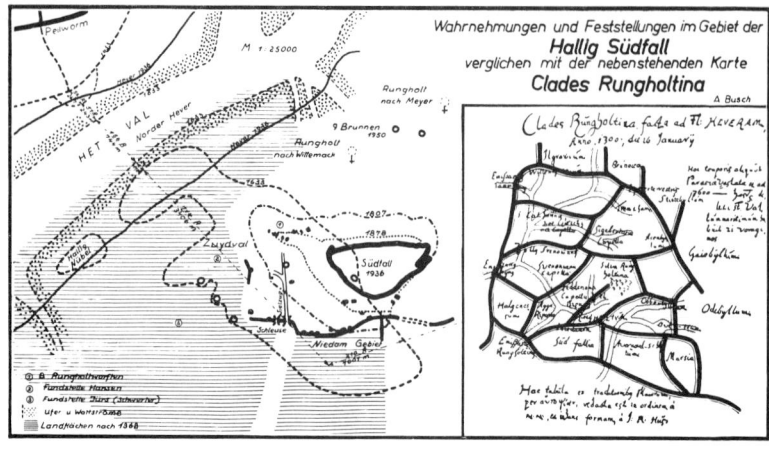

Beide Karten zeigen die Ergebnisse von Wattbesichtigungen in
ein und demselben Gebiet. Die linke Karte jedoch zeigt Wahr-
nehmungen aus der Mitte des 20. und die rechte aus dem 15. Jahrhundert. Identisch sind:

Schleuse (alte und neue)	— Emissarius Rungholtinus
Sielzug	— Agger Ripanus
Deichstrecke westl. d. Sielzugs	— Halgenessum
Niedamgebiet (Niedamdeich)	— Niedamum
Deich in Nord-Süd-Richtung	— Östlich von Südfallia
Deichdurchbruchstelle	— Rungholtum
Acht Rungholt-Warften	— Emissarius Magnus
Het Val (später: Norderhever)	— Fedderingman Capella vel Rip

Karte der eingemessenen Siedlungsreste im Rungholtwatt bei
Südfall in den Jahren 1921 bis 1941.

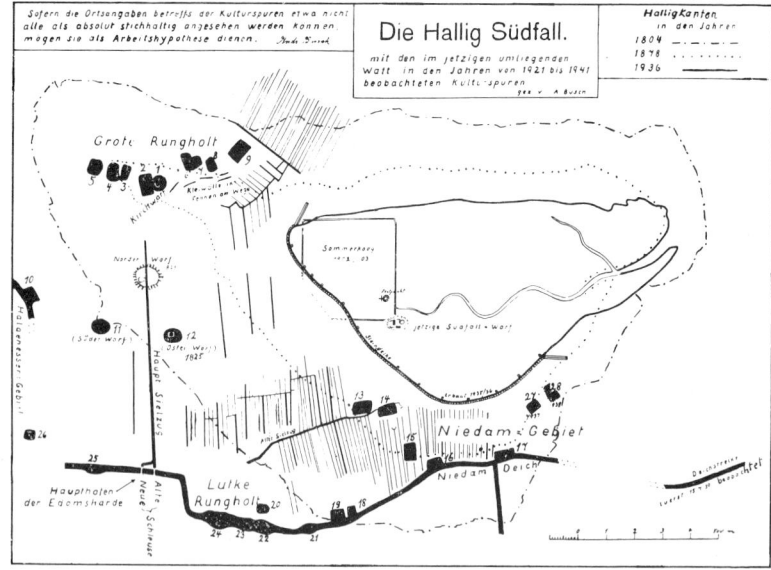

älter als 100 Jahre alt werden, und in der damaligen Zeit sind sie kaum älter als 80 Jahre geworden. Demzufolge wurde die neuere Schleuse etwa im Jahr 1280 erbaut. Woraus geschlossen werden kann, daß die ältere Schleuse ungefähr um 1200 erbaut worden ist.

Busch hält es außerdem für zutreffend, die Eindeichung des Rungholt-Abschnittes der Edomsharde mit dem Bau von Seeschleusen gleichzusetzen. Demnach wurden die Küsten in der Umgebung von Rungholt um das Jahr 1200 bedeicht.

Es ist gelungen, die Höhe der Oberfläche einstigen Kulturlandes mittels mehrerer Nivellierungen zu ermitteln. Der Durchschnitt der sechs Nivellierungsergebnisse beträgt —0,853 m unter heutigem NN. Auch die Höhe des Kammerbodens der älteren Schleuse ließ sich ermitteln: er lag —1,30 m unter heutigem NN. Daraus folgt, daß der Kammerboden der Schleuse nur etwa 45 cm tiefer lag als die Oberfläche des durch die Schleuse entwässerten Kulturlandes. Da dieser Unterschied sehr gering ist, kann der Nutzen des dieser Schleuse angeschlossenen Entwässerungssytems — gleiche Höhenlagen der alten Kulturoberfläche auch in größerer Entfernung vorausgesetzt — nur sehr mangelhaft und lediglich auf einen räumlich engbegrenzten Bezirk beschränkt gewesen sein. Heute liegt das alte Kulturland etwa 2,15 m unter MThw.

Nach Buschs Berechnung ist der Meeresspiegel mit größter Wahrscheinlichkeit in den letzten 600 Jahren durchschnittlich 28 bis 30 cm in jedem Jahrhundert angestiegen (bisher also etwa 1,80 m).

Nun muß man sich die wichtige Frage stellen, wieviel das MThw von 1362 unter heutigem NN gelegen hat. Um bei der Beantwortung dieser Frage zu einem Ergebnis zu gelangen, hatte Busch zunächst bei Strucklahnungshörn (Westufer von Nordstrand) die Hypothese aufgestellt, daß dort das MThw von 1362 bis 1962 um insgesamt 180 cm (30 cm im Jahrhundert) angestiegen sei. Um 1962 lag bei Strucklahnungshörn das MThw bei + 1,36 m NN; da der Spiegel des Meeres in dem angegebenen Zeitraum jedoch um 1,80 m gestiegen ist, muß man von den 1,36 m 0,44 m abziehen. Damit ergibt sich, das MThw hat um 1362 bei — 0,44 m gelegen (— 0,44 m NN + 1,36 m NN = 1,80 m NN).

Die geschilderten Gegebenheiten im Wattgebiet von Südfall scheinen dafür zu sprechen, daß der örtliche Tidenhub zur Zeit des Betriebs der Schleusen erheblich geringer war als in der Gegenwart.

Mittelalterliche Deichreste

Ungefähr im Jahre 1200 ging man dazu über, das tiefliegende, sumpfige Gelände durch den Bau von Deichen vor weiteren Sturmfluten zu sichern und durch den gleichzeitigen Bau von Schleusen das tiefliegende Gelände zu entwässern. Bei dieser notwendig gewordenen Bedeichung hat sich deutlich eine Deichverbindung von der Ortschaft „Grote Rungholt" — sie liegt etwa 1 km weiter nördlich als die Schleusenanlagen — zu den Schleusen ergeben. Diese Deichstrecke ist auch auf der Clades Rungholtina eindeutig verzeichnet; sie verlief von der Schleuse. (Emissarius Rungholtinus) etwa 300 bis 350 m in westlicher Richtung und bog dann nach Norden ab zu der Ortschaft Grote Rungholt.

Auf der Clades Rungholtina liegt diese Ortschaft zwischen den Bezeichnungen „Halgenessum" und „Agger Ripanus". Die an einigen Stellen sichtbar gewesene Sohle des Deiches („Niedamdeich") besteht aus Torf. Ab und zu zeigte sich an dieser alten Deichsohle ein Brunnen (besonders in der Mitte der Deichstrecke Biegung — Grote Rungholt). Vorhandene Warften, so nimmt man an, sind beim Deichbau mit in die Deichstrecke eingebaut worden. An der Südseite (Außendeichseite) des Niedamdeiches hatte Busch strichweise bearbeiteten, durchwühlten Boden gesehen, der ihm zuerst nicht erklärbar schien. 1935 waren an mehreren Stellen recht deutlich bis drei durchwühlte Streifen gesehen worden. Später fand Busch dafür folgende Erklärung: Bei winterlichen Sturmfluten war der Deich beschädigt worden. Im darauffolgenden Frühling, als der Boden nicht mehr gefroren war, hatte man vor dem Deichfuß — und wohl auch auf der Innendeichseite — die Erde abgegraben und sie in die Löcher im Deich hineingeworfen. Die dabei entstandenen Furchen und Gräben sind darauf in der Trokkenzeit (Sommer) und bei Deichverstärkungen mit verschiedenen andersgearteten Erdmaterialien wieder aufgefüllt worden.

Auch die zwischen den Schleusen gefundenen Pfähle weisen auf Ausbesserungsarbeiten am Deich hin: dort steckten in ein und zwei Reihen angeordnete, armdicke Rundpfähle im Kleiboden. Ihre Anordnung läßt den sicheren Schluß zu, daß an dieser Stelle (der Niedamdeich verlief zwischen den beiden Schleusen) durch eine Sturmflut Löcher in den Deich gerissen wurden. Dieser war recht niedrig, wenn man ihn mit Deichen heutiger Bauart vergleicht. Man erkennt es an der schmalen Deichsohle. Die Pfähle haben dann vermutlich dazu gedient, die in die Löcher geworfene Erde festzuhalten, damit diese nicht sofort wieder herausgespült wird. An einigen Deichstellen fanden sich 1932 noch breite Schilfwurzeln, Reste von Süßwasserpflanzen 2 m unter dem Meeresspiegel.

In Erstaunen versetzt wurde Busch, als er feststellte, daß der von ihm angenommene Sielzug, der vom Niedamdeich aus in südlicher Richtung verläuft, überhaupt kein Sielzug war, sondern der Rest eines Deiches. Was er vorher als Sielzug vermutet hatte, war die vom Deich eingedrückte Landoberfläche, auf der auch noch Spuren einstiger Erd- und Sodenentnahmen deutlich erkennbar waren. Busch ist selten an der bezeichneten Stelle gewesen und sah zunächst nichts von den braunen Torfstreifen, da diese überschlammt gewesen waren. Damals erkannte er lediglich die zwischen den nicht sichtbaren Torfstreifen liegenden flachen Mulden und deutete diese als die Sohle eines Sielzuges. Im Jahre 1936 wurde ihm sein Irrtum klar. Es waren nicht die Reste des einstigen Niedamdeiches, sondern bei den braunen torfartigen Streifen handelte es sich um die Reste der einstigen Landoberfläche, auf der der Deich gelegen hat.

Die erwähnten Mulden bei dem nach Süden führenden Deich deutet Busch folgendermaßen: Er vermutet, daß man vor der Erbauung dieses Deiches hier Soden gestochen hatte für Deich-, Haus- oder Warftbau. Man konnte sogar die rechteckige und längliche Form der Soden erkennen, wie Busch sie auch auf einer der Warften festgestellt hatte.

Warftreste im Rungholtwatt

Von den Häusern von Rungholt ist heute nichts mehr zu sehen. Was die Sturmflutnacht von 1362 nicht zerstört hatte, haben sich wohl die Bewohner der umliegenden Dörfer bald darauf geholt. Die Wohnstätten waren, wenigstens in den nordfriesischen Utlanden, noch niedrige Häuser und Hütten gewesen. Wahrscheinlich sind ausgestochene Rasensoden zum Bau der Wände verwandt worden. Senkrecht stehende Sodenstücke auf den Warften im Rungholt-Watt können Reste davon sein. Massive Wohnhäuser aus Ziegelsteinen kommen auf dem hufeisenförmigen Alt-Nordstrand — bei der Sturmflut von 1634 wurde die Insel in die Teile Nordstrand, Pellworm und eine Reihe von Halligen zerspalten — erst um 1550 auf.

Die von Busch entdeckten 28 Warften wurden von 1 bis 28 durchnummeriert, um sich dann besser verständigen zu können. Landvermesser Sönke Saxen hat das sogenannte „8-Warften-Gebiet" vermessen; es liegt nordwestlich der Hallig Südfall. Er fand dort auch nur 8 Warften vor. Es handelte sich jedoch um 9 Warften (Warft 5 konnte von Busch erst später festgestellt werden, er wollte nur nicht noch nachträglich den Namen dieses Gebietes ändern). Dieses Areal erstreckt sich in einer Länge (von West nach Ost) von etwa 900 m und einer Breite (von Nord nach Süd) von 600 m.

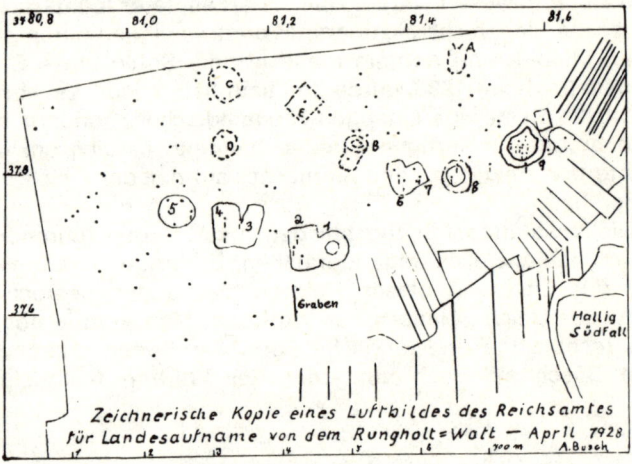

Zeichnerische Kopie eines Luftbildes des „Reichsamtes für Landesaufnahme" von dem Rungholt-Watt. (Entstanden im April 1928)

Busch beschäftigte sich eingehend mit einem Luftbild des Reichsamtes für Landesaufnahme (Trigonometrische Abteilung — angefertigt im April 1928 von Wiegratz — freigegeben durch RLM Reichsamt für Landesaufnahme Bild

Nr. 283/36), von dem er auch eine zeichnerische Kopie des 8-Warften-Gebietes vom April 1928 herstellte. Bei dieser Kopie findet man die deutlich erkennbaren Warften von 1 bis 9 durchnummeriert. Weitere Auffälligkeiten in diesem Gebiet sind durch große Buchstaben von A bis E gekennzeichnet. Die schwarzen Punkte stellen Sodenbrunnen dar.

Auf Warft 1, der sogenannten „Kirchwarft", ist niemals irgendein Brunnen gefunden worden. Dieses erhärtet die von Busch aufgestellte Vermutung, Warft 1 sei die Kirchwarft von Rungholt gewesen, da alle umliegenden Warften zumindest ganz geringe Spuren von Brunnen aufwiesen.

Bei „A", im Norden von Warft 7 und 8, zeigt sich auf der Fotografie eine sehr schwache Andeutung eines Warftrestes sowie eines kleinen Brunnens. Der Maschineningenieur Bahne Busch hat auf den Vorschlag seines Bruders hin dieses Gebiet untersucht und eine Skizze angefertigt. Auf dieser Zeichnung erkennt man vier einzelne Pfähle und etwa 200 m westlich davon vier rechteckige Warften, die Busch zuvor noch nie beobachtet hatte. Gute 50 m westlich davon lag Ackerland, das an der Südseite durch einen Graben begrenzt wurde.

Die durch gestrichelte Linien gekennzeichneten bei C, D und E liegenden Gebiete, die nur für geübte Augen erkennbar sind, sind nach Busch als Warftumrisse mit Brunenlöchern anzusehen.

Bei der durch „B" markierten Stelle findet man auf dem Luftbild eine ziemlich auffällige Figur, in deren Nähe recht deutlich ein Brunnenloch zu sehen ist; Busch vermochte dieses Gelände nicht eindeutig einzuordnen, wohl aber war er sicher, daß es sich an dieser Stelle um ehemalige Siedlungsreste handeln muß.

Bei der nordöstlichsten der sogenannten „8 Rungholt-Warften" (Warft 9) hat Busch die mit Soden aufgesetzten Böschungsabschnitte oft gut beobachten können. Nachdem diese Böschung gut freigespült war, gelang es ihm, drei Aufnahmen davon zu machen. An dieser Warftböschung lagen etwa 20 Sodenschichten übereinander. Die verwendeten Soden wiesen eine längliche Form auf, im Gegensatz zu den heute verwendeten quadratischen Soden ($30 \times 30 \times 9$). Die aufgefundenen Soden besaßen folgende Ausmaße: $70 \times 19 - 21 \times 6 - 7$ cm.

An der Lage der Brunnen lassen sich die einzelnen Warften und Warft-Gruppen klar erkennen. Das gesamte 8-Warf-

ten-Gebiet weist mit seinen anderen Siedlungsspuren im
Norden eine Fläche auf, die etwa der heutigen Stadt Tönning entspricht.

Beobachtungen der Niedamwarften

Warft 27 und 28, die sogenannten „Niedam-Warften", waren
1957 noch gut zu beobachten.

1937 war die Warft 27 zum erstenmal zum Vorschein gekommen, wobei sich auch ein Sodenbrunnen zeigte. Im
darauffolgenden Jahr kam zuerst die südliche Ecke von
Warft 28 ans Tageslicht. Bis 1952 kamen dann nacheinander
die Brunnen 1 bis 10 hervor. Außerdem zeigten sich die
Püttlöcher I—V, die halbkreisförmigen Merkmale VI—VII (ob
Brunnen, bezweifelte Busch) und die mauerartig gelegten
Soden (66×20) VIII. Die auf der Skizze schraffierten Flächen sind anstehendes Moor. Auf den weißen Flächen und
an und auf der Warft ist das Moor abgegraben. Die 10 Brunnen besaßen innere Durchmesser von durchschnittlich etwa
1 m. Die Warften 10—26 wurden von Busch nicht näher be-

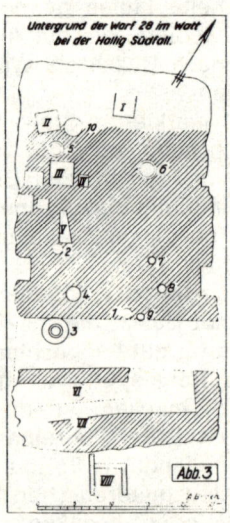

Schematischer Lageplan der Warft Nr. 28. Er zeigt die Anordnung
der im September 1946 erkennbaren Brunnen, Sodensetzungen
und Püttlöcher auf der vertorften Warftbasis. Links unten der
untersuchte Brunnen Nr. 3.

schrieben, vermutlich weil sich auf ihnen nichts Interessantes zeigte, was einer Beschreibung wert gewesen wäre.

Im Juni 1945 hatten der Direktor des Nissenmuseums in Husum Prof. Dr. habil. Erich Wohlenberg, Dr. W. Kropf und Andreas Busch fast alle Brunnen auf Warft 28 entleert und untersucht. Unter den gefundenen Keramiken auf dem Grund des Brunnens Nr. 5 befand sich das Oberteil eines rheinischen Kruges. Diese Tatsache bestätigt, daß schon vor dem Untergang dieses Gebietes (16. 1. 1362) rheinische Keramik als Handelsware existierte.

Zu dieser Ausgrabung hat Prof. Wohlenberg einen ausführlichen Aufsatz geschrieben. In bezug auf Brunnen Nr. 3 dieser Warft (siehe auch Skizze) lassen sich dem damals angefertigten Grabungsprotokoll auszugsweise folgende Details entnehmen:

„Die Untersuchung wurde in der Art durchgeführt, daß in Nord-Süd-Richtung ein zwei Spatenstich breiter Schnitt durch die westliche Hälfte des Brunnens gelegt wurde, um ein Profil und genügend Bewegungsfreiheit beim Graben im Brunneninnern zu bekommen. Während die Verfüllung des Sods aus weichem Schlick bestand, den die Fluten nach der Zerstörung der Siedlung in den Brunnenschacht gespült hatte, zeigte die Bodenstruktur außerhalb der Ringe nicht etwa anstehenden gewachsenen Boden (Anwachs, Sediment), sondern eine Anhäufung unregelmäßiger Erdschollen, die darauf schließen lassen, daß die für die ehemalige erste Montage der Sodenringe erforderlich gewesene Baugrube durch Spatenarbeit wieder aufgefüllt worden war."

Dem Aufsatz ist weiter zu entnehmen, daß zum Bau eines Sodenbrunnens ungefähr 700 Soden nötig gewesen waren, was einer Rasenfläche von etwa 50 qm entspricht. Welche Funktion die Püttlöcher in diesem Fall gehabt haben, läßt sich heute nicht mehr ermitteln.

1952 entdeckte Busch auf der Südseite der Warft eine mauerartig gelegte Sodensetzung, von der er vermutete, daß sie von einem einstigen Gebäude stammten. Die beiden Sodenstreifen verliefen parallel zueinander und waren außen 5,30 m und innen 3,80 m voneinander entfernt.

1956 machte Bauingenieur Setzepfand eine weitere Entdeckung, als er an der Nordspitze der Hallig Südfall einen Sodenbrunnen fand; wegen der höheren Wattoberfläche — sie war hier etwa 1,25 bis 1,50 m höher als bei Warft 28 — hatte man dort keine Kulturspuren erwartet.

Die Kirchwarft im Rungholtwatt

Nordwestlich der Hallig Südfall liegt das 8-Warften-Gebiet, in dem von 1921 bis 1938 immer eine besonders auffällige Warft zu finden war, die sogenannte „Kirchwarft". Von dieser vermutete Busch vier Monate nach Entdeckung der Schleusenreste im Jahr 1921, daß es eine Kirchwarft gewesen sein könnte, da auf dieser Warft weder Spuren eines Brunnens oder andere Reste menschlicher Besiedlung gefunden wurden.

1928 konnte man die runde Kirchwarft mit 3 inneren kreisförmigen Linien und einer westlich anschließenden ovalen Warft erkennen; außerdem waren auf dieser ovalen Warft noch drei Brunnen sichtbar.

Der kleinste, durchgehend geschlossene Kreis in der Mitte der Kirchwarft besaß einen Durchmesser von nur etwa 17 bis 18 m (nach Lorenz).

Busch vermutete, diese Warft sei einstmals kleiner gewesen, als sie uns heute erscheint; sie ist sicherlich irgendwann einmal mit neuer Erde aufgeschüttet worden. Eine der auf der Skizze eingezeichneten Kreislinien begrenzt den Grundriß dieser ursprünglich kleinsten Warft. Die Warftböschung besteht aus Humus, und an ihr sind auch noch einzelne Pflanzenreste erkennbar.

Am 5. November 1935, nach vorausgegangenen stürmischen Tagen, konnte man ganz in der Nähe der Kirchwarft zwei parallel zueinander verlaufende, flache Mulden wahrnehmen. Busch meint, es handelte sich hier um zwei Grabstellen, da die Maße dieser Mulden etwa denen eines Grabes entsprachen und weil diese sich ganz in der Nähe der Kirchwarft befanden.

Ungefähr 15 bis 20 Schritte östlich dieser Mulden gewahrte Busch Spuren der kreisförmig um die runde Kirchwarft verlaufenden Graft; er konnte sogar noch erkennen, daß an dieser Stelle mit einem Kleispaten gearbeitet worden war, da die Spatenstichlinie direkt kreisförmig verlief.

Busch verglich den Aufbau und die Umrisse dieser Warft mit den Kirchwarften von Westerhever, Pellworm und Fahretoft. Dabei fand er eine erstaunlich gute Übereinstimmung der Kirchwarft von Rungholt mit der von Fahretoft, weniger genaue Übereinstimmung mit denen von Westerhever und Pellworm. Mit größter Wahrscheinlichkeit läßt sich daraus schließen, das es sich tatsächlich um die Rungholter Kirche im 8-Warften-Gebiet bei Südfall handelt.

Die Kirchwarft wies trotz mehrfacher Untersuchungen nicht die geringsten Spuren irgendeines Brunnens auf. Dabei hatte die Warft einen recht bedeutenden Umfang besessen. 1921 konnte man einen Durchmesser von 50 bis 60 m feststellen; 1923 waren es jedoch nur noch 25 m, und seitdem hat sie sicherlich weiter an Größe abgenommen. Auf dem Warftabhang fanden sich Spuren einer einstigen Umfassungsmauer; bei diesen Resten kann es sich entweder um die Kirchhofsmauer gehandelt haben oder um die Grundmauern der Kirche selber. Jedenfalls besaßen die aufgefundenen Steine Klosterformat. Der Tatinger Pastor Dr. Rudolf Muuß sah im Jahre 1924 mehrere vom Treibeis verschleppte „Findlinge", die er als Felssteinfundament der Kirche deutete. Beispiele für solche Fundamente unter romanischen Backsteinkirchen gibt es mehrfach in der nordfriesischen Marsch (z. B. Findlinge auf dem Odenbüller Friedhof).

Über die Errichtungszeit der Rungholter Kirche ist in den Chroniken nichts zu finden. Da man 1103 in Tating (Eiderstedt) und bald danach in den größeren Nachbardörfern die ersten Kirchen gebaut hat, so ist anzunehmen, daß auch im Hauptort der Edomsharde, Rungholt, zu jener Zeit die Kirche errichtet worden ist.

Spuren von Feldereinteilungen und Moorstichen

Seit Busch im Herbst 1921 zum ersten Mal ganz schwach erkennbare Pflugspuren gesehen hatte, sind diese auch später wieder, besonders an der Nordwestspitze von Südfall, zu beobachten gewesen. Dort fand Busch öfters Stellen, wo sich die alte Grede der Weide und die einzelnen Pflugspuren erkennen ließen. Es war hier stellenweise sogar jede vom Pflug umgekippte Scholle sichtbar, und es ließ sich noch die vor über 600 Jahren verrichtete Pflugarbeit und die Gewandtheit des einstigen Pflügers beurteilen. Überraschenderweise fielen an einer Stelle die quer vor den Längsfurchen sich hinziehenden Furchen der sogenannten „Vorwending" auf.

Gerade an der Stelle, wo das Ufer der Hallig sich aus dem flachen Watt emporhebt, ist deutlich erkennbar, wie sich die alten Spuren und besonders die Wassergräben (Grüppel) mit einem Male unter dem Halligboden verlieren. Diese Erscheinung findet sich hauptsächlich am Süd- und West-, teilweise auch am Nordufer von Südfall, und hier bekommt sogar der unkundige Beschauer den sichersten Beweis der schon erwähnten Auflandung Südfalls auf die alte Kulturlandschaft.

Auch konnte im Herbst 1921 noch beobachtet werden, wie weit dieses alte Kulturland abgespült gewesen ist, bevor die Neuauflandung eingesetzt hatte.

Daß sich diese Spuren so lange erhalten haben, läßt auf einen fetten, kleiigen Marschboden schließen, was man dem Boden bei näherer Betrachtung auch noch ansehen konnte.

Als Busch zu jener Zeit einmal etwas weiter ins Watt hinauslief, konnte er feststellen, daß hier der alte Mutterboden teilweise oder schon ganz von den täglichen Gezeitenströmungen weggewaschen war. Es waren stets die höchsten Partien in der Mitte der gewölbten Feldstücke, die zuerst fortgespült waren. Dennoch waren die etwas tiefer gelegenen, schnurgeraden Grüppel und größeren Gräben meist immer noch deutlich als schwarze, weithin sichtbare Linien erkennbar. Die in ihnen befindlichen Pflanzenreste haben sicherlich einiges dazu beigetragen, daß sie bis heute sichtbar geblieben sind.

Auf den Rücken einiger noch nicht sehr beschädigter Äcker, besonders in der Nähe der östlichen Warft des 8-Warften-Gebietes, lagen Moorstreifen von 30 bis 40 cm Breite, von denen Busch vermutete, sie seien planmäßig angelegt worden, da es sich hier um schnurgerade Linien handelt. Ein Moorstich auf einem dieser auffallenden Äcker wich völlig von den anderen ab; er war merkwürdigerweise 1,5 m breit und 46 m lang und zeigte eine Dicke von etwa 20 bis 30 cm. Auch rechtwinklige Mooreinlagen, die auch einmal quer über einem Acker lagen, fanden sich. Für Busch hatte dies den Anschein, als wenn die Moorschicht sodenartig abgenommen worden war, um einem bisher unbekannten Zweck zu dienen. Hier muß man sich fragen, warum diese Arbeit wohl verrichtet worden ist. Vielleicht hat die Beschaffung von Brenntorf etwas damit zu tun gehabt. Bekanntlich ist der vom Meerwasser durchsalzene Seetorf nach dem Trocknen noch nicht zur Feuerung zu gebrauchen, denn er brennt nicht so wie ein aus einem Süßwassermoor gewonnener Torf. Dazu wird man früher wohl, um etwas hochflammigen Torf zu erhalten, den Seetorf zwecks erwähnter

Entlaugung erst vielleicht ein paar Jahre in den hochgelege-
nen Mittelstreifen der Feldstücke eingegraben haben. Dadurch wird dann das Salz durch den Regen ausgewaschen
und sickert in den Boden. Nach genügender Auslaugung
wird man dann den Torf zum Trocknen ausgestochen haben,
und vermutlich hatte man dann an derselben Stelle wieder
neuen Torf eingelegt.

Es ist kaum anzunehmen, daß diese Bearbeitung von
Torf, wie sie jene eigenartigen Spuren zu verraten scheinen, etwas mit der Salzgewinnung aus Seetorf zu tun gehabt hat. Das Salz gewannen die alten Friesen auf eine
andere Art und Weise, die später noch genauer erörtert
wird. Die Salzherstellung ist ein Haupterwerbszweig der
Friesen gewesen, das Friesische Salz war geradezu ein
Exportprodukt.

Die Breite dieser sehr deutlich erkennbaren Feldstücke
schwankte zwischen 8 und 12 m, und sie zeigten stellenweise weithin eine sichtbar gleiche Richtung. Diese Regel-
mäßigkeit läßt auf eine planmäßige Feldereinteilung schließen, die natürlich erst nach erfolgter Eindeichung vorge-
nommen worden sein kann.

Sielzüge, Wegspuren und Salzköge

Von der älteren Schleuse aus verläuft, ziemlich genau
nach Norden und nicht immer gleich gut sichtbar, ein alter
Sielzug, der das Wasser aus dem Hinterland sammelte und
der Schleuse zuführte. Als die Bewässerungsverhältnisse
mit dem Anstieg des Meeresspiegels immer schlechter
wurden, sah man sich gezwungen, eine neue Schleuse, die
dreimal so breit war und tiefer lag, als die ältere, zu bauen.

1927 war ein dreifacher Graben sichtbar, der diesen Sielzug rechtwinklig kreuzte. 1935 hatten sich an vielen Stellen
dieses Sielzuges und an den Gräben Miesmuscheln angesiedelt, so daß jede Krümmung der Wasserläufe erkennbar
gewesen ist; vermutlich wird der humusreiche Graben-
schlamm von den Miesmuscheln bevorzugt.

Zwischen der sogenannten Kirchwarft und der westlich
unmittelbar an dieser liegenden großen Warft konnte Busch
die Graft erkennen, die die beiden Warften voneinander
trennten. In dieser Graft, die sich als lange flache Mulde

zwischen den Warften zeigte, konnte Busch quer zu ihrer Richtung mehrere Stücke dicken Holzes beobachten. Vielleicht hat es einst zu einer Brücke gehört, die die beiden Warften miteinander verbunden hatte; wir wissen es nicht. Rudolf Muuß deutete diese Hölzer als die Reste eines alten Bohlenweges.

Sonst sind Wegspuren nur sehr selten nachzuweisen gewesen, da die am höchsten liegenden Kulturreste am stärksten der Zerstörung ausgesetzt waren. 1908 jedoch hatte ein Arbeiter deutlich einen Weg mit Abzweigungen zu den Fennen gesehen.

Auch hat die Nordsee schon längst die Brücken fortgespült, die einstmals über Gräben, Sielzüge und kleine Flüßchen führten. Hin und wieder jedoch deutet eine Stelle die Spundwand an, an der vielleicht eine Verbindungsstelle zwischen Weg und Fenne gewesen war.

Westlich der Schleusen läuft das Wasser bei Ebbe fast nie ab, und da die Zeit zu Wattbeobachtungen in der Regel nur relativ kurz bemessen ist, erhält man nur selten die Gelegenheit, von den Schleusen aus noch weiter hinaus nach Westen in das dort wasserbedeckte Wattenmeer hinauszuwaten. Der tiefste Ebbestand, auch Hohlebbe genannt, ist immer bei Ostwind zu erwarten; sonst bei anderen Winden um die Zeit von Vollmond und Neumond. Bei diesen Gelegenheiten hat Busch immer seine besten Aufnahmen machen können.

Einige hundert Meter westlich der Schleusen bei der damals ebenfalls untergegangenen Ortschaft Halgenes, ist die Deichsohle noch ein Stück weit zu verfolgen. Rudolf Muuß hat dort einmal bei tiefster Ebbe drei große, sich berührende „Teiche" von je etwa 8 m Durchmesser gesehen; sie waren genauso, wie die Sodenbrunnen, mit Rasensoden ausgesetzt, d. h. die Soden berührten sich! Diese Teiche können nur wenig landeinwärts von dem genannten Niedam-Deich gelegen haben.

Muuß hält diese Teiche für alte „Salzköge"; man grub damals das vorher mit Salzwasser durchtränkte Moor ab und und brachte es dann in die Salzköge, wo es zu Torf getrocknet wurde. Dieser wurde darauf verbrannt, und aus der Asche siedete man das Salz heraus. Nach einer Schätzung von Muuß gewann man aus etwa 400 kg Salzasche 150 kg reines Salz, das zu jener Zeit sehr wertvoll war.

Das Gebiet um Fedderingman Capell vel Rip

Außer den bisher genannten Kulturresten sind 1950 etwa 2 km nördlich der Hallig Südfall weitere Spuren einstiger landwirtschaftlicher Betätigung sichtbar geworden; diese Spuren wurden von Victor v. Reventlov-Criminil entdeckt, als er im Herbst 1950 bei seiner Tante auf Südfall zu Besuch war.

In dem genannten Gebiet fand er ein recht tief erodiertes Wattengelände (Erosion: Zerstörungsarbeit des fließenden Wassers), wo er 9 verstreut liegende Brunnen feststellen konnte. Außerdem entdeckte er dort eine reiche Anzahl von Topfscherben, einen heilen (!) rheinischen Krug und einen Menschenschädel. Durch Kreuzpeilung konnte Busch später die Lage von 2 Brunnen dieses Gebietes genau bestimmen. Diese ziemlich weit von der Hallig entfernt liegende Stelle kann nur unter kundiger Führung oder mit einem Boot erreicht werden.

Im Frühjahr 1951 fand Victor v. Reventlov-Criminil in diesem sogenannten „Fedderringman-Gebiet" einen weiteren rheinischen Krug, der jedoch keine Henkel besaß. Gleichzeitig wurde von E. A. Dethleffsen in einem der 9 Brunnen ein kleiner, heiler, rheinischer Henkelkrug gefunden. Ferner lag dort noch eine ganze Anzahl von Ziegelsteinen, die das Klosterformat $23 \times 12 \times 9,9$ cm besaßen.

Seit 1950 konnten hier außer Piepgräben, Gräben, aufgefüllten Püttlöchern und mauer- und lohdielenartigen Sodensetzungen bis zu 10 Brunnen und an drei Stellen Gruppen von eingerammten Pfählen beobachtet werden. Von diesen Pfählen vermutete Busch, daß es sich hierbei um die Reste von Sielzugbrücken handelt.

Busch hält dieses Kulturgebiet nördlich von Südfall für die historische Ortschaft „Fedderingman Capell vel Rip". Dieser eigenartige Ortsname sagt seiner Meinung nach etwas über die Geschichte der Ortsbewohner und einiges über die Besiedlungsgrundlage aus:

In dem Wort „Fedderingman" steckt die Silbe „man", was man zu „Mannen" ergänzen kann. In diesem Ort hat also eine Geschlechtersippe gewohnt oder sie hatte sich ursprünglich dort angesiedelt. Solche Geschlechterbezeichnungen benutzten im Nordstrander Gebiet auch die „Redvertmannen" und die „Sievertmannen".

Das Wort „Capell" in dem Ortsnamen weist dann darauf

hin, daß die Fedderingmannen ihre eigene Kapelle besaßen. Die Wörter „vel Rip" sind eine Ergänzung des Ortsnamens, „vel" bedeutet „oder", also „oder Rip". Daraus kann man deuten, der Ort wurde auch „Fedderingmanrip" genannt (1444: Vedderingherip, 1523: Frederkenripe).

Das Wort „Rip" kommt vom lateinischen „ripa" = Flußufer. Ein Ortsnamenforscher deutet dieses Wort folgendermaßen: Fels, Berg, Abhang (deutsch); Strich, Streifen (schwedisch-norwegisch); Uferrand (englisch); Rand (ostfriesisch).

Um die Bedeutung des Wortes „Rip" noch eindeutiger klären zu können, versuchte Busch, Vergleiche zwischen mehreren heutigen Rip-Orten zu ziehen, indem er zwei Rip-Orte aufsuchte und das umliegende Gelände näher besah. Diese beiden Orte waren Riep bei Tönning und Riep bei Oldenswort.

Riep bei Oldenswort ist nur ein kleinerer Ortsteil. Dort führt ein gekrümmter Kleiweg mit einem Graben an jeder Seite zu einer Anzahl von Gehöften. Da der Kleiweg mehrere Krümmungen aufweist, meint Busch, dort sei früher einmal ein Priel verlaufen.

Die Ortslage von Riep bei Tönning zeigt deutlich in der Nähe des Ortes einen etwas größeren ehemaligen Priel, an dem heute zu beiden Seiten meist unbewohnte Warften liegen. Busch sah dort, wie sich je nach Krümmung des Priels ein flach verlaufendes Ufer mit einem steiler verlaufenden abwechselten.

Die Warften bei diesen beiden Orten wurden errichtet, als das umliegende Land noch Halligcharakter besaß. Nachdem es durch Deiche geschützt war, erfolgte die Flouraufteilung durch Wege, Gräben, Dammstellen und Sielzugbrükken.

So ähnlich könnte auch das Fedderingman-Gebiet vor 1362 ausgesehen haben. Da an jenem Fundort tatsächlich drei Stellen mit Sielzugbrückenresten und Strauchresten beobachtet wurden, kann man annehmen, daß an dessen Ufer wie beim Tönninger bzw. Oldensworter Riep Warftsiedlungen gelegen haben.

Grote Rungholt, Lütke Rungholt und die Ortschaft „Niedam"

In einer Handschrift, dem Codex. hist. 102 der Hamburger Universitäts- und Staatsbibliothek heißt es: „Desse navolgende Carspell dorch vorsumenisse unserer Vorfahren sint vorgan und dar van aff kamen alse Grote Rungholt Lutke Rungholt Grote Winkel Lutke Winkel..." Ins Hochdeutsch übersetzt lautet dieser Satz etwa folgendermaßen: Diese nachfolgenden Kirchspiele sind durch Versäumnisse unserer Vorfahren untergegangen, und diese waren Grote Rungholt Lütke Rungholt Grote Winkel Lütke Winkel . . .

Wie die zwei Ortschaften entstanden waren, erklärt Busch folgendermaßen: nachdem die ursprüngliche Schiffsanlegestelle wegen der Verschlickung nicht mehr benutzbar gewesen war, wurde die ältere Schleuse südlich der Ortschaft Grote Rungholt gebaut, wo sich dann nach und nach neue Warften ansiedelten. Denn vermutlich spielte sich nun an dieser ersten Schleuse der gesamte Schiffahrtsverkehr ab.

Busch ist der Meinung, das sogenannte „8-Warften-Gebiet" mit der Kirchwarft hat zu Grote Rungholt gehört. Die Schiffsanlegestelle lag an einem Fluß (!), dem Hever-Fluß, woraus man schließen kann, der Ort sei schon relativ früh entstanden. Eine dichtere Besiedlung in der Schleusengegend spricht dafür, daß die Schiffsanlegestelle am Heverfluß aufgegeben werden mußte. Die Annahme der Existenz der beiden Ortschaften deckt sich ziemlich genau mit den Fundumständen. Bei Grote Rungholt dürfte es sich um die Warften 1 bis 9 handeln, während die Warften 18 bis 24 die Reste der Ortschaft Lutke Rungholt darstellen.

Auffällig ist die folgende Tatsache: Die Warften 18 bis 24 liegen in einer Reihe hintereinander auf der Linie des Niedam-Deiches. Daraus geht hervor, daß die Warften des Reihendorfes Lütke Rungholt mit in die Deichstrecke eingebaut worden waren.

Der von dem Schifferdorf Lütke Rungholt aus in nordöstlicher Richtung verlaufende Deich führte höchstwahrscheinlich zu dem Reihendorf „Niedam". Dieser Ort umfaßte die Warften 13—17, 27 und 28.

Die Größe Rungholts
und dessen einstige Umgebung

Im Rungholt-Gebiet bei Südfall fand Busch insgesamt über 100 Brunnenspuren. Die heutigen Trinkwasserverhältnisse in der Marsch berechtigen zu der Annahme, daß im 14. Jahrhundert mehrere Haushaltungen einen gemeinsamen Brunnen besaßen. Nun werden aber in der Rungholt-Gegend mehrere Warften mit ihren Brunnen verschwunden sein oder noch unter der Hallig Südfall verborgen liegen. Nimmt man deshalb die doppelte Zahl der Brunnen (also 200) an, so ist dies gewiß nicht zu hoch geschätzt.

Rechnet man auf jeden Brunnen nur zwei Haushaltungen (also 400 Häuser zu je 5 Personen), so ergibt sich eine Einwohnerzahl des Gebietes von mindestens 1500 bis 2000 Personen. Ein Ort mit einer solchen Einwohnerzahl ist im 14. Jahrhundert sicherlich eine bedeutende Siedlung gewesen.

Es ist allgemein bekannt, daß sich der Rungholt-Sand gleich einer Wanderdüne fortgesetzt in nordöstlicher Richtung verlagert. Untersucht man nun die Herkunftslinie dieser wandernden Sandbank auf den Karten, so finden wir auf der Clades Rungholtina „Silva Rungholtina" eingezeichnet (= Wald, Hölzung). Auf der Karte „Abriß von Rungholte und seinen Kirchspielen" findet sich ebenfalls die Hölzung, aber, statt durch Beschriftung, durch Zeichnung von Bäumen und Hügeln erkennbar. Hiernach hat sich dort höher gelegenes, hügeliges und sandiges Hölzungsland befunden, ähnlich den bewaldeten Dünenketten vor St. Peter-Ording. Dieses feinsandige Gebiet wird in den ersten Jahrhunderten nach der Mandränke von den täglichen Fluten in die jetzige Sandbank verwandelt worden sein. Außerdem bildete es vor 300 bis 400 Jahren noch die wüsten Halligen Autzham und Tretzhalg und heute den Rungholt-Sand.

Der Name Rungholt ist wahrscheinlich mit Holt (Wald) in Verbindung zu bringen. Die friesische Vorsilbe „Rung-" entspricht vielleicht dem englischen „wrong", das lautlich verwandt ist mit „gering" und ursprünglich dasselbe bedeutete. Also Rungholt = geringes d. h. niedriges Holz (Krattholz).

Der Ortsname Rungholt unterscheidet sich wesentlich von den übrigen Namen des alten Strandes. Man könnte hieraus auf ein größeres Alter schließen, doch ist ohne weitere archäologische Forschung nicht Eindeutiges zu sagen. Nähere Auskunft kann nur eine intensive Erforschung der Kulturspuren im Watt ergeben, aber darüber hinaus müssen Grabungen auf Pellworm und Nordstrand durchgeführt werden, um die von Dr. A. Bantelmann und A. Busch gewonnenen Ergebnisse zu vervollständigen. Erfreulicherweise hat in den Jahren 1975—1978 in Begleitung des sogenannten Norderheverprojekts eine ganze Reihe von Grabungen stattgefunden. Es bleibt zu hoffen, daß diese Bemühungen in Zukunft wieder aktiviert werden, damit wir genauer erkennen können, wie die Besiedlung der nordfriesischen Marschen vor sich gegangen ist.

Zum Schluß noch ein kleiner Auszug aus dem Friesenkapitel der Egilsaga:

„Im Fluß waren schlechte Landungsmöglichkeiten und viel flaches Ufer. An Land waren weite, flache Ebenen, und weit entfernt war Wald. Die Felder waren durchgeweicht, denn es hatte viel geregnet. . . . Dort war weites Land. Weithin durchs Land waren Gräben gezogen, in denen Wasser stand. Sie hatten damit die Äcker und Wiesen abgeteilt, und dann an einigen Stellen waren große Pfähle oberhalb der Gräben gesetzt, wo man hinübergehen konnte, und darüber waren Planken gelegt . . ."

Diese Textstelle schildert anschaulich eine Fluß-Marschlandschaft im frühen Mittelalter, so wie es einst um Rungholt herum ausgesehen haben mag. Genau so, wie sie uns Andreas Busch anhand seiner Forschungen und Überlegungen entwickelte.

Andreas Busch

Biographie von Andreas Busch

Der Stamm der Familie Busch stammt aus Nordfriesland, Dithmarschen und Angeln. Der Vater von Andreas Busch besaß die Engelander Windmühle auf der Insel Nordstrand. Dort wurde er am 16. Juni 1883 geboren und wuchs unter sieben Geschwistern auf. Er zeigte schon als Kind eine überdurchschnittliche Begabung für Mathematik und technische Dinge, wobei ihn am meisten Karten beschäftigten.

1909 heiratete er in Süderhafen eine Nordstranderin, die ihm später sieben Kinder schenkte. Das junge Paar erwarb gleichzeitig mit der Hochzeit einen eigenen Gast- und Bauernhof.

1898 verweilte Busch das erste Mal auf der Hallig Südfall und zeichnete dort das alte Strohdachhaus. Zu jener Zeit waren die Überreste von Rungholt noch mit Meeressedimenten überdeckt. Am 16. Mai 1921 sah er zum erstenmal die freigespülten Schleusenreste des untergegangenen Rungholt. Im weiteren Verlauf seines Lebens entdeckte er noch mehr Kulturspuren im Gebiet um Südfall. Er veröffentlichte eine Fülle von Aufsätzen, die sich nicht nur auf die von ihm gemachten Funde im Rungholtwatt bezogen, sondern auch auf Probleme in der Landwirtschaft und die Frage des Meeresspiegelanstiegs.

Zum Anlaß seines 80. Geburtstages ehrte ihn die Christian-Albrechts-Universität Kiel durch die Verleihung der Universitäts-Medaille. 1972 starb Andreas Busch, ein auch von Wissenschaftlern anerkannter Heimatforscher, im Alter von 89 Jahren.

1977 wurde von seinen Angehörigen sein „Nachlaß" veröffentlicht, in dem die wichtigsten Aufsätze sowie die Familiengeschichte abgedruckt sind.

Begriffserklärungen

Anwachs	Vorland
Blanker Hans	Ausdruck für „Nordsee"
Dwarsloch	Priel westlich von Südfall
Fenne	Weide, abgegrenzte Wiese
Fule Slot	Wattenstrom nördlich von Südfall
Gehöft	Hof, Bauernhof
Grüppel	Schmale, parallel gezogene Entwässerungsgräben zwischen den Feldstücken oder im Vorland
Hallig	Marschinsel im nordfriesischen Wattenmeer, die keinen Seedeich besitzt, sondern nur durch Steindecken und Buhnen gegen den Abbruch gesichert ist
Norderhever	Sehr tiefer Wattenstrom (bis 28 m) zwischen Eiderstedt, Nordstrand und Pellworm
Holmer Fähre	Wattenstrom nördlich von Nordstrand
Kaob	Kap, ins Meer hineinragende Landspitze
Kirchspiel	Altertümliche Bezeichnung für Kirchengemeinde
Kleiboden	Schwerer, fruchtbarer Marschboden
Priel	Wasserrinne im Wattenmeer
Püttlöcher	Entnahmestellen für Boden, der besonders für den Deichbau bestimmt war.
Sielzug	Relativ breiter und tiefer Graben, der überschüssiges Regenwasser aus dem Acker- und Wiesenland sammelt und dann einem Siel zuführt, der dann dieses Wasser bei Ebbe in das Wattenmeer weiterleitet.
Spundwand	Eine aus Bohlen mit Nut und Feder zusammengesetzte wasserdichte Wand, u. a. zum Abdichten und Abstützen von Schleusenwänden
Tidenhub	Unterschied des Wasserstandes zwischen Niedrig- und Hochwasser
Warft	Künstlich aufgeworfener Erdhügel, der ein oder mehrere Häuser trägt
Wehle	Tiefe Löcher dicht hinter einem Deich, die bei einem Deichbruch durch das einströmende Wasser entstanden sind. Sie sind heute durch Regenwasser aufgefüllt und bilden somit kleine Seen

Literaturverzeichnis

Albert Bantelmann: Alt-Nordstrand um 1634. Zeitschrift der Gesellschaft für schleswig-holsteinische Geschichte, Band 102/103 (1977/1978), S. 97—110

Albert Bantelmann: Die Landschaftsentwicklung an der schleswig-holsteinischen Westküste. Karl Wachholtz Verlag, Neumünster (1967)

Albert Bantelmann: Das Nordfriesische Wattenmeer, eine Kulturlandschaft der Vergangenheit, Westküste, Heft 1

Andreas Busch: Die Entdeckung der letzten Spuren Rungholts. In: Jahrbuch des Nordfriesischen Vereins, Jg. 10 (1923), S. 3—32

Andreas Busch: Auf Rungholt-Sand. Jahrbuch des Nordfriesischen Vereins, S. 104—106 (1928)

Andreas Busch: Meine Wanderung im Rungholt-Watt am 3. Juni 1933. Die Heimat, Heft 9 (1933)

Andreas Busch: Wie es bei der Entdeckung des Rungholt-Watts wirklich herging. Die Heimat, Heft 10 (1934)

Andreas Busch: Neue Beobachtungen im Rungholt-Watt im Jahre 1935. Die Heimat, Heft 3 (1936)

Andreas Busch: „Rungholt-Luftspiegelungen". Nordelbingen Bd. 13 (1937), S. 38—47

Andreas Busch: Der gegenwärtige Stand der Rungholt-Forschung. In: Natur und Volk, Band 70, Frankfurt 1940, S. 223—232

Andreas Busch: Die Rungholt-Sage und die Lagebestimmung Rungholts nach Matz Paysen. In: Jahrbuch d. Nordfr. Ver., Jg. 25 (1938), S. 25—32

Andreas Busch: Ein Versuch vor 60 Jahren, Rungholt zu entdekken. Die Heimat (1951)

Andreas Busch: Was alles vor der Entdeckung des Rungholtwatts bei der Hallig Südfall gesehen worden ist. In: Die Heimat, Jg. 48 (1948), S. 13—16

Andreas Busch: Über Clades Rungholtina. In: Die Heimat, Jg. 59 (1952), S. 270—271

Andreas Busch: Die heutige Hallig Südfall und die letzten Spuren Rungholts. In: Die Heimat, Jg. 68 (1961), S. 212

Andreas Busch: 50 Jahre Rungholtforschung. In: Die Heimat, Jg. 78, Nr. 6 (Juni 1971)

Andreas Busch: Liliencrons Dichtung und die Rungholt-Forschung. In: Die Heimat, Jg. 69, S. 4—8 (1962)

Andreas Busch: Die Bergung der letzten Schleusenreste im Rungholt-Watt. In: Die Heimat, Jg. 69, S. 8—10 (1962)

Andreas Busch: Über die Kirchwarft im Rungholt-Watt. In: Die Heimat, Jg. 70, S. 163 (1963)

Andreas Busch: Zur Rekonstruktion der Rungholter Schleusen. In: Die Heimat, Jg. 70, S. 163 (1963)

Andreas Busch: Viele neue Siedlungsspuren im Rungholtwatt. In: Die Heimat, Jg. 70, S. 171 (1963)

Andreas Busch: Zum vorläufigen Abschluß meiner Rungholtforschung. In: Die Heimat, Jg. 70, S. 179 (1963)

Andreas Busch: Das Südfallgebiet um 1633, eine Karte nach
Berentz, darin eingetragen die Ergebnisse der Rungholtforschung. In: Die Heimat, Jg. 70, S. 209 (1963)

Andreas Busch: Wo lag vor 1200 die Schiffsanlegestelle von Grote
Rungholt und warum wurde sie nach Lütke Rungholt verlegt?
In: Die Heimat, Jg. 71, S. 74 (1964)

Andreas Busch: Ein Rückblick auf meine Rungholt-Forschung. In:
Die Heimat, Jahrgang 73, S. 354—357 (1966)

Andreas Busch: Wie konnte im heutigen Wattenmeer die Hafen-
siedlung Rungholt entstehen? In: Die Heimat, Jg. 75, S. 353
bis 357 (1968)

Andreas Busch: Rungholtkarten nach Kulturspuren und Überliefe-
rungen sowie eine bisher unbekannte Karte von Johannes
Mejer. In: Die Heimat, Jg. 76, S. 351—357 (1969)

Rudolf Muuß: Rungholt — Ruinen unter der Friesenhallig. Westphal-
Verlag, Lübeck (1929)

Rudolf Muuß: Hat Rungholt existiert? Jahrb. d. Nordfr. Ver., Bd. 19

L. C. Peters: Arbeitsplan für die Rungholt-Forschung. Jahrbuch des
Nordfriesischen Vereins, Band 12 (1925)

L. C. Peters: Neues vom schwindenden Rungholt. Husumer Nach-
richten. 17. Juni 1931

Erich Wohlenberg: Sodenbrunnen im Wattenmeer. Sonderdruck aus
„Die Heimat", Husum-Heft, Juli 1957, S. 212, und Heft 9, 1952,
S. 270

Inhaltsverzeichnis